中国脱贫攻坚
县域故事丛书
County-level Story Series on
Poverty Alleviation in China

中国脱贫攻坚
保亭故事

全国扶贫宣传教育中心 组织编写

人民出版社

目　录
CONTENTS

前　言

　　在中国共产党建党百年之际，中国人民经过艰苦奋斗，全面消除了农村绝对贫困，其深远的历史意义和现实意义，无论如何阐述都不为过。海南省保亭黎族苗族自治县，作为我国地理位置最南端的深度贫困县，同时也是少数民族自治县、边疆地区贫困县、革命老区县，几乎集诸多典型致贫因素于一身。在这场举世瞩目、意义深远的伟大扶贫斗争中，保亭县作为主战场之一，奋发图强，取得了全县高质量脱贫摘帽、所有贫困村高质量退出、所有贫困户高质量脱贫的优异成绩。保亭县深入贯彻党中央、国务院的战略部署，认真执行海南省委、省政府的统筹安排，高质量完成精准扶贫和脱贫攻坚的各项政策和项目的落地，协调统筹各方资源，以打赢脱贫攻坚战为总抓手，统领社会经济各项工作全面有序推进，在实现高质量脱贫的同时，也推动了全县社会经济的高质量发展。

　　本书是国家乡村振兴局全国扶贫宣传教育中心组织编写的"中国脱贫攻坚县域故事丛书"之一种。在表述形式和写作范式上，本书并未采用系统的学术语言阐述保亭县脱贫攻坚的理论与实践过程，也未选用灵动诗性的文学话语讲述保亭县扶贫实践的感人故事与奋斗历程，而是使用口语化的表达形式，通过大量图片，真实记录和讲述保亭县打赢脱贫攻坚战的行动框架与主要做法。

　　本书的框架设计、素材搜集、内容撰写等，得到了海南省保亭县委、县政府、县人大、县政协，以及各调研乡镇村、各职能部门，特别是保亭县扶贫办的大力支持与协助。本书的执笔者主要为河海大学社会学系师生：毛绵逯负责全书统稿；第 1 章、第 6 章由毛绵逯执笔；第 2 章、第 3 章由王毅杰、白杨、吴晓璐执笔；第 4 章由胡亮、周玉娟、卞维维、郑玉婷执笔；第 5 章由郑娜娜、刘青青执笔；第 7 章由杨方执笔。

第1章

保亭县情

保亭黎族苗族自治县位于海南省南部内陆五指山南麓，东接陵水县，南邻三亚市，西连乐东县，北依五指山市。县名来源于明代"宝停司"，清代改称"宝亭营"，1935年正式设立行政县，1987年成立保亭黎族苗族自治县（以下简称"保亭县"）。保亭县境内辖3个乡（六弓乡、南林乡、毛感乡）、6个镇（保城镇、什玲镇、三道镇、新政镇、响水镇、加茂镇）、1个县管农场（七仙岭农场）、1个县管居（新星居），行政区域总面积1153.2平方公里，占海南省陆地面积的3.4%，是"大三亚"经济圈的重要组成部分。

第一节　人口与文化

根据第七次全国人口普查结果，保亭县2020年末常住人口15.6万人（总户籍人口16.8万人），人口年平均增长率为0.62%，全县共有家庭户49645户，集体户1326户。黎族和苗族为世居民族，其中黎族10.5万人，占总人口的62.4%；苗族7558人，占总人口的4.5%。全县人口中，城镇人口比例为34.73%，较大幅度低于海南省平均城镇化率。

保亭县位于我国最南端的贫困山区，长期以来，生产力发展水平相对偏低，传统热带农耕文化和边境民族风俗保存较为完整，比较有特色的如黎族钻木取火技艺、黎族纺染织绣技艺、黎族树皮布制作技艺、黎族传统竹木器乐等被列入国家级保护项目，黎族民间故事、黎族藤竹编织技艺、黎族独木器具制作技艺等被列入海南省级保护项目。2008年，保亭县被文化部命名为"中国民间文化艺术之乡"。2009年，黎族纺染织绣技艺被列入联合国教科文组织"世界急需保护的非物质文化遗产名录"。黎族、苗族等少数民族传统文化不仅体现在各种文化遗产保护项目中，还体现在人们的日常生活中，如传统民族服饰在日常生活中依然大范围存在，黎族大力神图腾也频繁出现在各种公共建筑和日常生活中。

保亭县2011年被国台办授予"海峡两岸交流基地"，2016年被文化部授予"国家公共文化服务体系示范区"。此外，一年一度的海南七仙温泉嬉水节，跻身中国十大著名节庆品牌，入选"中国最具人气民间节会"。

图为保亭县黎族群众传统信仰中的大力神图腾形象。大力神图腾源于黎族的传统神话故事，象征着勇敢与勤劳。在保亭县的传统刺绣、建筑和人们的日常生活中，大力神图腾的不同形象频繁出现，形成了保亭县的标志性地域符号。（毛绵迷／供图）

第二节 资源与环境

保亭县拥有丰富的自然资源和良好的生态环境，同时也是海南省中部生态保护核心区域。保亭县属热带季风气候区，长夏无冬，年均气温20.7—24.5摄氏度，年降雨量达1800—2300毫米，且地处山区，具有"温而不热、凉而不寒、爽而不燥、润而不潮"的气候特征。由于地处山区，保亭县境内还拥有丰富的温泉、溶洞、石林等山区特色资源和地质风貌，较著名的有七仙岭天然温泉、毛感仙龙溶洞、毛感仙安石林等。

基于优越的生态环境、地貌特征，以及独特的黎苗民俗文化，保亭县旅游资源丰富，且旅游开发成效显著，是海南省目前为止仅有的两个全域旅游县市之一。保亭县拥有槟榔谷黎苗文化旅游区、呀诺达雨林文化区两个5A级景区，七仙岭风景区等四个4A级景区，以及什进村布隆赛、什玲大溪谷影视基地、保亭神玉文化养生景区等若干特色旅游景区。虽然地处热带，但海拔相对较高，既拥有热带气候，又不闷热，境内森林覆盖率高达84.89%，非常宜居，常年吸引接近3万国内其他省市居民在保亭县度假休闲和居家养老。结合少数民族文化、热带自然景观、热带特色农副产品采摘和品尝、自然氧吧和自然温泉休闲等多种旅游资源及旅游服务产品的多样化创新，加之距离三亚较近的地缘优势，生态康养旅游已经成为保亭县最重要的产业。

保亭县位于北纬18度，阳光和雨水充足，全年适合农业生产，农业生产基础设施完善，是我国重要的热带农业生产区。目前主要的农作物有水稻、冬季瓜菜、热带水果，其中冬季瓜菜和热带水果共有几十个不同品种，有经济价值非常高的特色热带品种，如黄秋葵、灯笼椒、红毛丹、百香果、火龙果、波罗蜜，以及香蕉、芒果、荔枝、龙眼等。此外，保亭县还有大量特色热带养殖业，如海南本地品种五脚猪、文昌鸡等，以及黑山羊、黄牛、竹鼠、蛇、蜜蜂等常规或特色养殖业。

保亭县是中国橡胶林战略资源保有区，全县目前橡胶林保有量30万亩。全县几乎所有山区农村都有橡胶林，部分区域人均橡胶林超过10亩。在2008年前后橡胶市场价格最高时，一个农户一天割橡胶的销售收入不低于300元，高的能达到上千元，橡胶收入是保亭县农民的最重要收入来源之一。当时，保亭县农村经历了一次集中建房高潮期，这些新建房被当地群众形象地称为"橡胶房"。此外，保亭县还是中国最主要的槟榔果生产区，全县槟榔林保有量10万亩。在2015年前后槟榔鲜果价格最高时，每亩槟榔树的纯收入超过2万元，槟榔收入成为全县农户脱贫致富的重要收入来源。

狭义的南药通常是对生长在长江以南和南岭以北地区的中药材的统称，在众多常用的南药品种中，槟榔、益智、砂仁、巴戟被称为四大南药。保亭县虽然位于热带，但同样是重要的南药产区，尤其是槟榔和益智产量很高。由于消费习惯的影响，当前槟榔的主要用途是直接嚼（有鲜槟榔、干槟榔两种形态），而非作为中药材；但益智依然是主要作为中药材使用。由于益智种植技术相对简单，且属于喜阴植物，通常种植在橡胶林中，因此保亭全县益智种植范围很广，很多农户都会在橡胶林中套种益智。保守估计，保亭县当前益智种植面积在10万—15万亩之间。

近年来，保亭县先后荣获"全域旅游县""国家卫生县城""国家园林县城""全国民族团结进步创建示范县"等10多项荣誉称号，是海南省第一个国家级卫生县城。

　　图为保亭县的新农村。保亭县位于海南省中部山区南缘，全县绝大多数区域为山区，少部分区域为丘陵。山区丘陵地貌，使得平整的水田和耕地面积少，坡地和山林面积大，形成了保亭县以热带经济作物为主、粮食作物为辅的农业种植结构。在较长时间内，保亭县的农业经济作物存在外运难的交通困境，进入全国大市场的成本高企，产品竞争力不足。农民尽管拥有丰富的自然资源和优质农副产品，但卖不出去，或卖不出好价格。随着过去几年的持续投入，全县农村水电路气网等基础设施不断完善，连接外部市场的交通瓶颈、信息瓶颈不断被克服，加之农业产业结构的不断调整和升级，目前保亭县所有农村已经摆脱贫困。（保亭县扶贫办／供图）

　　图为保亭县农村居民房前屋后种植的香蕉和槟榔树。香蕉、槟榔等是保亭县最重要的传统热带农产品，种植面积大、产量高，是农民主要的收入来源。随着近十多年国内槟榔需求量的不断攀升，保亭县的槟榔种植面积也在逐年升高，农户房前屋后的所有空地几乎都会种上槟榔。对于许多贫困户来说，槟榔的种植面积和产量，以及槟榔市场价格的波动，直接决定着他们能否实现脱贫。最近几年，随着公众对嚼槟榔的健康风险认识逐步加深，槟榔的市场价格波动很大，加大了贫困户增收并脱贫的挑战，也成为倒逼保亭县农业产业多元化的重要因素。（毛绵迷／供图）

　　图为保亭县种植基地内的红毛丹和百香果。红毛丹和百香果并不是保亭县的传统水果，而是最近十几年逐步引进并发展的新品种。由于保亭县的热带山区气候非常适合种植优质的红毛丹和百香果等热带特色水果，在逐步引入优良品种后，目前保亭县生产的红毛丹和百香果凭借优良品质已经成为保亭县热带特色农产品的重要名片，市场需求旺盛，对于脱贫户持续增收和乡村振兴都具有重要意义。（毛绵逵 / 供图）

第三节 生计与产业

由于独特的热带气候和资源禀赋，保亭县农民的生产生活具有典型的热带型生计模式特征。

保亭县不存在饥寒等生存危机。热带气候和丰富的降水使得农业生产可一年三熟或多熟，丰富的山地和林地资源极大地丰富了粮食、蔬菜、经济林果等多样化的农业生产选择空间。因此，饥荒现象在保亭县历史上很少发生，当地农民戏称"随便插根筷子都能长成竹子"。优良的生存环境，对于传统农业文明时期而言是重要的生存优势，也造就了当地人民"不愁吃、不愁穿、很欢乐、很淳朴"的生存状态和精神状态。

但是，保亭县却存在市场经济环境下的生计困境。随着市场经济全面进入农民的生产和生活，当地农民原有的资源和环境优势却转变为劣势。除了山区地理环境闭塞、水电路气网等重要基础设施和教育医疗等公共服务供给不足外，传统的小农生产方式落后于市场需求、农民的知识文化水平和市场经营意识薄弱等，都使保亭县陷入市场经济环境下的生计困境。

经过多年努力，保亭县依托资源禀赋、区位优势、政策红利等，形成了以热带农业和旅游产业为核心的产业格局。以橡胶、槟榔、水稻、热带水果蔬菜，以及特色禽畜养殖等为主的热带农业是保亭县的基础产业，在脱贫攻坚产业扶贫的努力下，目前基本实现了小农生产与市场需求的有效衔接，延长了产业链条、提高了产业附加值，成为农民收入的重要保障。而围绕热带旅游形成的系列服务产业，则成为保亭县当前的最核心产业，在产业扶贫和就业扶贫中起着重要作用。

图为保亭县农户移栽水稻。水稻是保亭县的传统农作物之一，良好的气候条件可确保一年三熟。随着农业产业结构逐渐向经济作物转型，目前传统水稻的种植面积相对较小，在农业生产中的传统主导地位已经被取代，但依然是当前保亭县农业生产的重要内容。如今，山兰米等地方特色稻米种植已成为保亭县水稻产业的新方向，为产业扶贫贡献了重要力量。（保亭县扶贫办／供图）

　　图为保亭县什玲镇椰村农民对冬季瓜菜进行田间管理。冬季瓜菜是目前保亭县农业产业的一张名片，也是确保脱贫户持续增收的重要产业基础。为了更好地利用总量不多的耕地资源，提高农民的收入，保亭县因地制宜，充分发挥优良的热带山区气候优势，大面积推广种植高品质冬季瓜菜。引进龙头企业发挥带头作用，一头连着种植农户，提供从优质种苗、田间管理到成品收购的全流程技术支持和管理服务；另一头连着市场，优质的果蔬品种直接供应需求量巨大的大陆市场，尤其是中高端市场。受益于优良的气候，冬季瓜菜每年能收获3—5茬，每亩纯经济收入最低都能超过5000元，部分高产高价品种的亩均纯收入甚至能超过2万元。正常情况下，夫妻两个劳动能力负担3—5亩冬季瓜菜的生产和田间管理工作。(王智/供图)

图为保亭县新政镇毛朋村的橡胶收购点。橡胶是保亭县的传统经济作物，全县橡胶林保有量巨大，在很长时间内，都是山区农民确保家庭经济收入的最重要来源。在国际橡胶价格高企时，部分胶农一两年的收入就能在农村盖起一栋房子。但自 2010 年之后，国际橡胶价格持续下降，且保亭县的橡胶林由于栽种时间较长，品种并非最优，市场竞争力不足，许多胶农一度放弃割胶，转而外出打工，甚至部分胶农开始砍伐橡胶林，转而种植其他经济作物。橡胶市场的波动和价格持续低位徘徊，成为保亭县许多贫困农户陷入贫困状态的重要因素。保亭县充分利用海南省关于橡胶价格和期货保险的金融扶贫政策，加大对胶农的补贴力度，提高胶农继续保有橡胶林并持续生产的积极性；同时，积极推动农业产业多元化发展，推动包括冬季瓜菜、乡村旅游等扶贫产业的发展。目前，全县胶农的生产积极性持续回升，割胶收入再次成为脱贫户最重要的经济收入来源之一。（毛绵逑 / 供图）

第 2 章

保亭县脱贫攻坚的组织与实施

打赢脱贫攻坚战离不开党和政府的坚强领导。早在 2010 年，习近平同志在保亭县调研扶贫开发情况时，就专门强调要充分发挥保亭县的比较优势，努力奋斗，使保亭县摆脱贫困。保亭县作为海南省仅有的 5 个国家级贫困县之一，打赢脱贫攻坚战的时间紧、任务重，海南省委、省政府也极为重视。在坚强领导和科学组织实施的基础上，海南省委、省政府主要领导多次到保亭县开展调研和现场办公，极大地促进了保亭县扶贫工作的整体进展。

第一节　坚强的领导与组织

保亭县以习近平新时代中国特色社会主义思想为指导，全面贯彻党中央重要战略精神，认真落实海南省委、省政府脱贫攻坚决策部署，结合本县实际，构建了打赢脱贫攻坚战的坚强领导和组织体系。该体系以党建促脱贫攻坚为核心，以组织体系建设为重点，以培养选拔忠诚干净有担当的高素质扶贫干部为关键，着力提升领导班子能力与水平，着力发挥基层党组织的战斗堡垒作用，实行打赢脱贫攻坚战战时体制，建立坚强有力的打赢脱贫攻坚战指挥部，成立科学清晰的专项工作组，创新开展脱贫攻坚大比武等特色和长效机制。

保亭县在成立扶贫开发领导小组的基础上，进一步整合组织力量，成立保亭县打赢脱贫攻坚战指挥部，把脱贫攻坚当作一场必须打赢的攻坚战，由各自突击转为合力攻坚，最大程度整合调动资源，着力提高实际工作效率。

基于实际工作需要，以保亭县打赢脱贫攻坚战指挥部为核心，在横向上，构建脱贫攻坚五级战斗体系，具体落实全县脱贫攻坚工作的政策统筹和行动安排，并通过各层级指挥体系进行任务分解和压力传导；在纵向上，指挥部下设18个专项工作组，对"两不愁三保障"等专项扶贫工作担负主体责任、发挥主导作用、履行主要职责。

保亭县脱贫攻坚五级战斗体系中的第一级为海南省委、省政府打赢脱贫攻坚战指挥部，其余分别为保亭县、乡镇、行政村、自然村（组）四级，作为"省负总责、市县抓落实"的具体组织框架。战斗体系的建立，具备了纵向到底、深入基层、职责清晰的组织特征，各级战斗体系逐级将任务向下分解、落实、监督；同时，乡镇、行政村、村小组三级按照行政高配原则配置指挥长，以确保更好地协调和整合资源，提高工作效率。

根据具体扶贫工作的分类特征和具体需求，在打赢脱贫攻坚战指挥部基础上成立18个专项工作组，是保亭县扶贫工作实践中的另一个特色。各专项工作组确定了明确的职责，划定具体牵头单位和责任单位，涵盖全县所有党政机关和事业单位、群团组织、驻保亭县国有企业等，形成了横向到边的组织机构参与框架。同时，各专项工作组之间形成层次清晰、分工明确又相互协调配合的工作体系。

◆ ◆ **访谈记录** ···

具体由县指挥部下指令和布置工作任务，然后到镇大队这边进行工作部署，对应的各战斗体系负责各方面工作任务的开展。每周都有工作任务清单，就是本周要做什么，由镇大队来部署，然后由各行政村总队长到各行政村去召开工作会议，把工作部署下去。平时，按照县里的指示，我们结合实际，按时间节点制定我们的工作清单。每项工作都有明确的责任人和完成时限。根据我们大队的工作任务清单，依照要求时间完成后，每个中队要在下一周工作例会上汇报完成情况和存在的问题。（保亭县响水镇政府访谈记录，2019 年 9 月 5 日）

表 1　保亭县打赢脱贫攻坚战指挥部下设专项工作组及主要职责

专项工作组	主要职责
1.精准识别和退出管理组	贫困户精准识别和退出、扶贫统计和监测、建档立卡动态管理。
2.两项制度衔接保障组	落实低保和扶贫"两项制度"政策衔接，推动和指导乡镇开展贫困、低保双向纳入和帮扶工作。
3.义务教育保障组	建立健全特惠性教育资助政策体系，督导乡镇及学校做好贫困户、低保户家庭控辍保学及教育补助发放工作，实现各级贫困学生资助全覆盖。
4.健康扶贫专项工作组	制定完善健康扶贫政策，督促乡镇落实贫困户、低保户家庭健康保障。
5.住房安全及防超标保障专项工作组	开展贫困户、低保户危房改造工作，督查保障建档立卡贫困户和低保户等四类人群的住房安全。
6.产业扶贫政策落地专项工作组	负责产业扶贫政策落地，提升产业组织化质量，实现产业组织化全覆盖，开展扶贫产业供给侧结构性改革。抓好特色产业精准扶贫政策落实，规范农民专业合作社建设和管理，对种植养殖和疾疫防治进行技术指导，完善农机服务队伍；制定扶贫产业发展督查考核办法；指导督查发展贫困村集体经济。
7.零就业贫困家庭落实专项工作组	开展就业扶贫工作，制定贫困劳动就业激励办法，提高就业稳定性，组织开展就业技能培训。
8.扶贫资金使用管理规范专项工作组	开展资金项目管理工作，负责各项扶贫资金安排和绩效考评，建立扶贫项目库，落实扶贫资金使用、监管和审计工作。
9.扶志扶智专项工作组	丰富和完善扶贫电视夜校、远程教育、微信推送、录音播送等方式，传播脱贫致富信息和技能，开展扶贫干部和贫困群众教学和培训。
10.扶贫责任落实到位管理专项工作组	指导和加强基层党建，开展第一书记、驻村工作队管理，对造成重大责任事件、产生重大影响的部门和人员进行问责。制定督查考核办法，开展督查考核，运用考核成果。
11.法治扶贫专项工作组	建立健全学法用法制度，开展依法治贫能力培训，开展法治宣传教育，提高贫困户法治素养、依法理性维护自身权利的意识和能力。强化依法开展扶贫工作。
12.督查问责专项工作组	对所有扶贫工作相关单位和个人的失职、渎职、不作为等进行督查问责。

续表

专项工作组	主要职责
13.扶贫宣传专项工作组	宣传各项脱贫攻坚政策精神、具体措施、实施成效、典型事迹、典型人物、典型案例；加强舆情信息监测，做好宣传疏导和消除工作。
14.旅游扶贫专项工作组	指导推进美丽乡村及共享农庄建设，发展乡村旅游，逐步增加乡村旅游扶贫基础设施建设投入。
15.交通扶贫专项工作组	统筹全县农村公路建、管、养、运等工作。
16.饮水安全保障专项工作组	保障农村饮水安全和饮水安全脱贫工作，开展农村饮水安全工程建设和运行管理工作。
17.医疗保障专项工作组	实现基本医保、大病保险覆盖率达到100%和医疗救助实现应助尽助，全面落实医保和救助政策，增强医疗救助托底保障能力和服务能力。
18.消费扶贫专项工作组	组织开展消费扶贫行动，推动线上线下联动，产销对接，推动和完善消费扶贫基础设施建设。

扶贫干部是打赢脱贫攻坚战的关键力量。保亭县广大扶贫干部坚持严肃、认真、细致、耐心的工作原则，深入基层、深入群众，多接地气，用群众观点、群众方法处理和解决群众问题，扎实推进各项政策和行动的有效落地实施。例如，广泛实施书记遍访制度，对所有业务范围内的工作和领域做到细致调研、严肃实施和督促。坚持民主集中制是确保打赢脱贫攻坚战的另一个基本工作原则，让基层充分发挥智慧、施展才干，做到能上能下，上下贯通。

◆ ◆ **访谈记录** ···

　　各工作组会主动邀请我们下去督查对接，解决问题和疑惑。我们有时候不打招呼就直接下去了，直接进村入户了解情况。县领导小组和指挥部也会有一些督查清单给我们。一些好的做法是：督查之后，我们当天就列出清单，直接反馈到乡镇，让他们直接整改，而不是等到正式报告写出来再给他们，等到下次督查的时候，我们就会拿着上次的督查报告直接"回头看"。（保亭县扶贫办访谈记录，2019年9月2日）

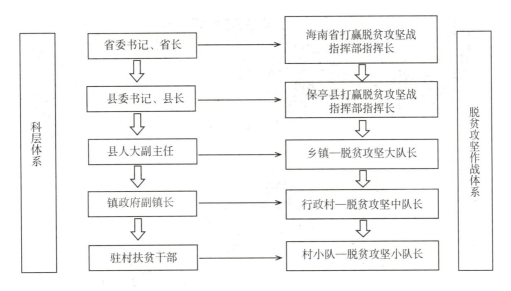

图为保亭县脱贫攻坚五级战斗体系及其领导配置结构图。

图为保亭县响水镇合口村委会脱贫攻坚中队作战图。贫困村作为打赢脱贫攻坚战的最前线，在贫困户与各级政府部门和其他扶贫力量之间，起着承上启下的关键枢纽作用。为了更好地做好工作，每个贫困村都作为脱贫攻坚战斗队的中队，且根据各个贫困村的村情，制定了详细的作战图。全村基本情况、脱贫攻坚目标、脱贫攻坚工作的各项具体工作及其责任人员等，都有明确的标注和说明。这既是贫困村打赢脱贫攻坚战的总指挥图，也是向全村贫困户的承诺和宣示。（周刚／供图）

图为保亭县领导在扶贫工作一线调研和指导。保亭县委、县政府把打赢脱贫攻坚战作为最优先工作，同时也是统领全县各项工作和社会经济发展的总抓手，在确保高质量打赢脱贫攻坚战的同时，全面推动全县经济结构调整升级、社会和谐发展、生态环境保护、基础设施和公共服务体系建设，推动各领域工作实现新突破。为此，县委、县政府主要领导以身作则，全身心地扑到工作一线，了解实际情况，发现实际问题，尊重科学规律，组织最强的力量，执行最严格的纪律，实施最务实的扶贫行动，找到最有效的解决办法。县委、县政府的有力组织和领导，是保亭县成功打赢脱贫攻坚战、帮助贫困户脱贫，并助推脱贫户致富奔小康的重要保障。（保亭县扶贫办／供图）

　　图为保亭县精准扶贫档案管理工作现场会。现场会，是保亭县各项脱贫攻坚具体工作的重要工作方法。尽管扶贫工作的整体工作原则、工作框架、工作分工等在县委、县政府领导下有明确的组织和安排，但具体工作则还需要由广大扶贫干部和贫困户等共同落实。各职能部门和关键领域扶贫小组负责人等召开某项工作的现场会，既进行理论学习，又开展实务操作，是保亭县扶贫过程中常用的工作方法，对于推进各项工作有序开展起到了重要作用。(保亭县扶贫办/供图)

图为海南省主要领导在保亭县调研。2016年11月29日，时任海南省委副书记、省长刘赐贵同志在保亭县三道镇进行扶贫调研工作，开展扶贫工作座谈会。保亭县的精准扶贫和脱贫攻坚战，始终在海南省委、省政府的坚强领导下进行。为了更好地摸清保亭县农村的贫困状况，找准正确的扶贫路子，海南省委、省政府和各厅局主要领导多次深入保亭县现场调研，听取各方意见，寻找各种解决办法，为保亭县有效开展脱贫攻坚工作提供了重要的组织保障。同时，保亭县的许多创新性做法也为海南省其他贫困县市推进脱贫工作提供了重要借鉴，对海南全省打赢脱贫攻坚战作出了保亭贡献。（保亭县三道镇／供图）

图为2019年保亭县响水镇脱贫攻坚理论测试及现场问答现场。切实理解中央有关精准扶贫和脱贫攻坚的精神、原则和要求，熟悉海南省有关开展精准扶贫和脱贫攻坚的具体方式方法、关键要求和指标等，是对乡村两级广大一线扶贫干部的基本要求，也是确保扶贫工作在基层切实有效贯彻落实的重要保障。保亭县为此定期组织所有扶贫干部开展深入的理论学习，并理论结合实际，进行广泛的讨论，以现场问答等形式加强扶贫干部的学习效果。广大扶贫干部对于脱贫攻坚理论的深入理解、对于实践工作的熟练掌握，有力地确保了全县高质量开展扶贫工作。（保亭县扶贫办／供图）

第二节 科学的决策与规划

要打赢脱贫攻坚战，光凭人、财、物的投入和广大扶贫干部及群众的热情是不够的，复杂的系统工程必须有科学的决策和规划。保亭县把制定、完善各项规划和政策制度，作为确保打赢脱贫攻坚战的重中之重。

早在 2016 年 8 月，根据《保亭黎族苗族自治县国民经济和社会发展第十三个五年规划纲要》，保亭县制定了《保亭黎族苗族自治县"十三五"扶贫规划（2016—2020)》，作为指导精准扶贫和脱贫攻坚的行动指南，明确了坚持政府主导、社会参与，精准扶贫、到村到户，因地制宜、突出重点，统筹协调、资源整合，以人为本、全面发展等原则，从产业扶贫、基础设施建设扶贫、农村电子商务扶贫、教育扶贫、科技和人才引领扶贫、引导劳务输出扶贫、发展乡村旅游扶贫、生态补偿扶贫、金融扶贫、卫生健康扶贫、社会保障兜底扶贫等11 个方面推进脱贫攻坚的总体布局。同年 11 月，保亭县进一步制定《保亭黎族苗族自治县"十三五"产业精准扶贫规划（2016—2020)》，进一步明确了产业项目支撑、基地龙头带动、配套服务跟进的产业发展思路，按照"一村一策、一户一法"的方略，实行"公司＋基地＋贫困农户""专业合作社＋贫困农户""科技＋贫困农户"等创新模式，带动贫困人口增收。

随着保亭县脱贫攻坚成效的逐步显现，保亭县于 2018 年进入脱贫攻坚战的第二阶段，即最终攻坚和巩固提升并行期。为此，保亭县专门召开全县扶贫开发工作动员会，明确了全县脱贫攻坚下一阶段的核心目标和任务，并在 11 月制定《保亭黎族苗族自治县打赢脱贫攻坚战三年行动计划》，进一步明确脱贫攻坚战的十大核心脱贫工程，优化脱贫攻坚战的组织管理与实施体系，整合各方优势资源，着力推动 2019—2020 年脱贫攻坚的巩固提升工作。

图为保亭县的部分扶贫规划和打赢脱贫攻坚战行动计划文本。为了科学开展扶贫工作，保亭县紧扣中央和海南省委、省政府的相关政策精神与原则要求，结合保亭县实际情况，针对性、前瞻性、系统性地制定了一整套扶贫规划，并进一步细化为操纵层面的行动计划，为确保全县脱贫攻坚战的顺利实施提供了重要的行动基础。（保亭县扶贫办／供图）

图为保亭县 2018 年扶贫开发工作动员会现场。在扶贫工作的具体组织和实施过程中，为了更明确地实施和执行当年的工作重点与核心任务，保亭县每年初都会专门召开扶贫开发工作动员会。各乡镇村、各职能部门、所有直接参与扶贫帮扶工作的事业单位和重点企业等全程参与，做到各部门各单位职责明确、目标清晰、措施得当、行动有序。每年召开的扶贫开发工作动员会，也成为当年开展扶贫工作的冲锋号。（保亭县扶贫办／供图）

第三节　扎实的行动与实施

以精准帮扶为基本要求的脱贫攻坚，最难的是如何以扎实的行动，使精准扶贫的各项政策和要求在实践中取得实效，并建立行之有效的工作体系。保亭县贯彻国家和海南省的相关指导思想与政策精神，基于自身实际，建立了单位定点帮扶、驻村第一书记专职帮扶、驻村工作队帮扶、帮扶责任人精准帮扶、企业结对帮扶的多元帮扶体系，并创新开展脱贫攻坚大比武等督导工作。

一是单位定点帮扶。保亭县所有机关事业单位和驻保亭县国有企业等，对全县所有贫困村开展定点帮扶，每个行政村包括一个牵头帮扶单位、一个或多个责任帮扶单位。帮扶单位要宣传贯彻脱贫攻坚各项政策措施，并推动政策和项目资金的落实，组织本单位干部职工进村入户开展帮扶，统筹各类资源帮助解决危房、就学、就医、就业等实际困难和问题，帮助贫困户开展实用技术和就业技能培训、培育发展稳定增收的主导产业、改善水电路气网等基础设施，并改善农村人居环境。

二是驻村第一书记专职帮扶。保亭县给所有村（包括非贫困村）都派驻了从各定点帮扶牵头单位选派的驻村第一书记，提供专门工作经费，工作在村、吃住在村、奉献在村，以加强贫困村基层党组织建设，推动精准扶贫和农村经济社会发展各项政策举措扎实落地，提升贫困村治理水平。

三是驻村工作队帮扶。驻村工作队是单位定点帮扶体系的前线工作队，保亭县按照政治素质过硬、工作踏实肯干、协调能力强的原则，为全县所有行政村都选拔并配置了驻村工作队，每个驻村工作队通常由 3 人组成，驻村第一书记兼任队长，另选派 2 名专职工作队员。驻村工作队肩负着协助"村两委"等基层组织力量落实基层扶贫政策和扶贫行动、开展基层社区治理、促进村集体经济发展和贫困村民脱贫致富的重任。

四是帮扶责任人精准帮扶。保亭县把为每一位贫困户安排一位帮扶责任人作为开展精准扶贫的重要举措，动员了全县几乎所有机关事业单位和驻保亭县重要国有企业的在岗干部职工参与帮扶，每位责任人负责帮扶 1—5 户不等，确保因户施策、因人施策，精准帮扶，落实包括教育扶贫、医疗扶贫、危旧房改造、贫困户就业和产业扶贫、"志智双扶"等各项扶贫行动。

五是企业结对帮扶。为了充分整合社会资源参与脱贫攻坚，保亭县开展"百企帮百村、千企扶千户"活动，鼓励和组织民营企业采用"帮项目、帮联络、帮资金、合作开发"等方式，在产业帮扶、就业帮扶、商贸帮扶、志智帮扶、公益捐助等几个方面，以多种形式结对帮扶贫困村和贫困户，构成了大扶贫格局的重要板块。仅 2016—2018 年，保亭县民营企业通过各种形式的结对帮扶，共投入 4213 万元，惠及 33 个贫困村，实施与扶贫有关的项目 43 个，受益群众 2135 户 4943 人。

除了以上帮扶体系，必要的督查与监督，是打赢脱贫攻坚战的常规工作内容，有助于及时发现和查找问题，并查漏补缺。保亭县把督查和监督工作分为多种形式，包括日常监督与问责、专项督查、外部监督红黑榜、内部监督钉钉管理等。为了更好地开展督查与监督工作，保亭县专门制定和完善了《保亭县扶贫领域专项巡察工作方案》等多项制度和工作机制，并设立了专门的组织和管理机构。代表性的专项督查方法有自我总结的"三查三看三督"工作法。

有效且高效的扶贫工作，既离不开广大扶贫干部的无私奉献和艰苦付出，更离不开科学的工作方法和强大的工作能力。广大扶贫干部工作能力的获得，既来自理论学习，更来自实践操作。脱贫攻坚大比武正是理论与实践相结合的验证机制，是"以赛代练"机制下提升扶贫干部能力的重要平台。通过现场抽查、暗访、擂台赛等形式，大比武取得了"以赛促学、以赛代练、以赛代评"的作用，极大地提高了广大扶贫干部的业务能力。

　　图为保亭县检察院驻村工作队在毛朋村委会为贫困户发放慰问品。保亭县为每个贫困村都安排了 2—3 个定点帮扶单位，一方面协助贫困村开展各项扶贫工程和项目建设，另一方面充分发挥机构优势，协调整合各方面资源，帮助贫困户解决生产生活中的现实困难，同时推动贫困村社会经济的综合发展。每逢元旦或春节等节日，定点帮扶单位都会协调各种可利用资源，采购一些基本生活物品，帮助贫困户解决生活困难。（保亭县扶贫办／供图）

　　图为保亭县应急管理局、市场物业中心扶贫工作队在什玲村与贫困户讨论扶贫工作进展情况。由各定点帮扶单位派出的扶贫工作队、驻村工作队、帮扶责任人等构成了一线扶贫队伍的核心力量，承担着宣传和落实各项扶贫政策与扶贫行动，深入了解贫困户切实困难与需求，帮助贫困户发展生产、解决现实困境的重任。保亭县是人口小县，但村庄数量多且分散。为此，保亭县委、县政府动员了全县除中小学教师外的几乎所有政府机关、事业单位和驻保亭县国企的干部职工，不同程度地参与和承担扶贫帮扶工作。广大扶贫干部不怕苦不怕累，为确保各项扶贫工作的有序有效推进，提供了坚实的人力资源保障。（保亭县扶贫办／供图）

图为保亭县响水镇合口村第一书记周刚走访贫困户。驻村第一书记，往往同时还是驻村工作队队长，在所有的一线扶贫干部中具有独特意义。农村基层扶贫，并不仅仅是上级政府和扶贫帮扶单位帮忙找到了项目或产业投入就能成功的，所有贫困村扶贫行动的有效开展，几乎都离不开有效且高效的基层组织建设。而此前农村基层组织建设涣散，一直是农村基层治理能力不足、发展凝聚力不够的重要原因。驻村第一书记的重要使命，恰恰在于帮助贫困村加强基层组织建设，提高基层自治能力，通过基层党建引领各项工作有序开展。为此，作为外来者的第一书记，都把熟悉全村基本情况、了解农民生产生活现状和困难、与广大农民群众建立深厚感情，作为开展工作的基础。（周刚／供图）

　　图为保亭县响水镇合口村驻村工作队队员进行工作讨论和学习。驻村工作队位于扶贫工作的最前线，既直接与广大贫困户打交道，也代表上级政府部门推动各项扶贫行动、措施的落地和实施，具有承上启下的关键作用。尽管驻村工作队都是各定点帮扶单位派出的骨干力量，但他们此前都有各自的专业工作领域，许多人甚至没有专门的农村工作经验，也不了解如何与贫困户打交道。为此，驻村工作队队员的专业能力学习与提升，成为做好扶贫工作的关键。保亭县在这方面做了大量工作，除了制定专门的培训材料供驻村工作队队员自我学习和讨论外，还定期组织专门的扶贫干部理论学习研讨，开展现场观摩与实践、先进分子传经送宝等活动，全面提升驻村工作队队员的业务能力。（周刚／供图）

　　图为保亭县开展最美脱贫攻坚帮扶人颁奖仪式。保亭县全县除中小学教师外几乎所有的财政供养人员，都作为帮扶责任人，一对一承担贫困户的帮扶工作，为全面打赢脱贫攻坚战提供了坚实的保障。为了表彰他们的无私奉献和突出成绩，保亭县每年都会召开专门的表彰大会，评选出最美脱贫攻坚帮扶人等，对广大帮扶责任人进行鼓励和褒奖。（保亭县扶贫办／供图）

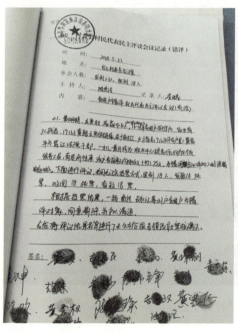
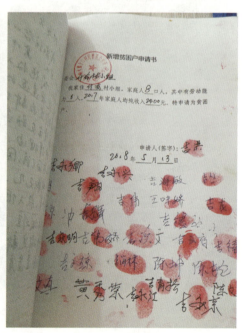

　　图为错评贫困户清退及新增贫困户民主评议会记录。精准扶贫的首要原则是精准，其中，精准识别是精准扶贫的基础。但在实际工作中，由于对政策理解的差异、收集信息的不完全或不准确、贫困户生产生活状态的变化等，不可避免会出现错评、漏评等问题。保亭县为此专门制定了一整套的工作流程，确保真正实现精准识别，不错评一户，不漏评一户。（保亭县扶贫办／供图）

第四节　凝聚的爱心与合力

一是定点帮扶。定点帮扶和干部包村帮扶机制，是我国扶贫工作机制的一大创举，也是体现我国社会主义体制和制度优越性的重要体现。保亭县动员了全县除中小学外的所有财政供养单位和除中小学教师之外的几乎所有财政供养人员参与扶贫帮扶工作，覆盖全县所有贫困村和贫困户。

全县帮扶干部除了全力推动各项扶贫政策和措施的实施外，还主动调动个人资源，解决贫困户的应急困难。各帮扶单位在积极实施和执行各项扶贫政策、项目的同时，更是"八仙过海，各显神通"，纷纷深挖各自优势，动员和整合各方面资源，帮助贫困村发展产业，改善贫困村的基础设施和人居环境，提高贫困农户的生产技能和致富能力。这些力量和资源，成为制度化的精准扶贫投入体系的重要且有益补充。

◆ ◆ **访谈记录**

刚开始，我帮扶的一户和我关系不冷不热，工作不好做，不信任我。后来有一次，这户家里小孩突然生病，半夜给我打电话求助。我赶紧开着车把他们送到县医院，先垫付医疗费，又找到医院的朋友帮忙，以最快的速度解决了他们的困难。从那以后，他们就信任我了，过年过节总是第一时间给我发祝福消息，进城来还总是要给我带土特产。（保亭县扶贫办访谈记录，2019 年 9 月 2 日）

二是市场连接。帮扶单位集中购买帮扶村所生产的农副产品（定点消费），或委托帮扶村生产特定的农副产品（定向消费），是保亭县扶贫实践的重要举措。此外，帮扶单位或帮扶干部发动本单位职工及其亲朋好友直接消费、联系市场收购商进行收购、协助农户与超市和餐饮企业等市场主体签订稳定的供货关系、协助引进农业龙头企业等，也是保亭县扶贫实践中实现市场连接的常见方式。

◆◆ **访谈记录**

2017 年以前，大家对于精准扶贫的认识还不够深入，操作上还不太规范。几乎所有帮扶单位都通过各种渠道找了不少钱，购买生产资料，直接对口帮扶村的贫困户，如养殖上直接发幼畜幼禽、饲料等，种植上则直接发种苗、化肥等物资。2017 年以后，政策上对于此前的散种、散养等产业发展方式进行了规范和调整，要求以组织化的方式发展产业扶贫项目。后来帮扶单位就不直接发物资了，但找钱帮助发展贫困村搞产业，依然是帮扶的重要手段。（保亭县农业农村局访谈记录，2019 年 10 月 15 日）

◆◆ **访谈记录**

有些村的定点帮扶单位是大单位，职工多，消费能力强。一般都会集中在帮扶村采购土特产品，增加农民收入。有的单位还会通过职工认筹的方式，出钱采购幼畜幼禽等，交给贫困户养大，然后帮扶单位再买回去，作为职工福利。（保亭县农业农村局访谈记录，2019 年 10 月 15 日）

三是民营企业参与帮扶。保亭县为了更好地整合市场力量和资源参与扶贫，积极宣传并通过"百企帮百村、千企扶千户"行动，鼓励和引导民营企业支持和参与扶贫工作，并且产生了明显成效。全县 30 多家规模以上民营企业通过资源开发、产业培育、市场开拓、商贸帮扶、安置就业、资金托管、公益捐助、"志智双扶"等多种形式，带动和支持 30 多个贫困村发展经济，带领贫困户脱贫。

◆◆案 例·企业帮扶发展黄秋葵产业

保亭港海高新农业开发有限公司（以下简称"港海公司"）从 2015 年就开始在保亭县支持农户开展黄秋葵种植，通过与农户签订保底价收购协议的方式，覆盖响水镇和新政镇 10 个行政村，直接受益农民 2 万多人。保亭县原本并不种植黄秋葵，2010 年左右才开始逐渐有人种植，但主要以小规模散户种植为主，市场价格不高。据新政镇毛朋村黄秋葵合作社负责人介绍，2014 年时，黄秋葵市场收购价最低只有 0.5 元/斤，最高也只有 2.5 元/斤，农民无利可图。港海公司 2015 年进入保亭县之后，与农户签订保底价收购协议，保底价为 3 元/斤。由于港海公司统一收购之后能通过其市场渠道直接大规模销售到国内市场，因此实际市场价格平均在 4.5 元/斤到 5 元/斤，价格最高时可达 9.5 元/斤。黄秋葵种植技术要求较高，最高时亩产达 5000 斤，最低时也有 2000 斤，平均为 3500 斤。而黄秋葵种植成本平均每亩约 1300 元，最高不超过 1500 元，因此按照市场平均价格，每亩利润最高超过 20000 元，最低有 7000 元以上，平均为 14000 元左右。

四是社会帮扶与资源动员。保亭县除了充分发挥政府财政资源和市场资源外，还充分利用和整合各种社会资源，构成了政府、市场、社会"三位一体"的大扶贫格局。为了更好地动员社会资源，保亭县专门制定了相关工作方案，广泛动员各类社会组织和团体，通过出人、出钱、出物、出场地、出智力等多种形式，积极参与产业发展、助学助教、志愿服务、援建学校、开展农民技术培训、推

动电商下乡和电商扶贫等，形成了具有参与广泛、形式多样、效益
显著的广义社会帮扶体系。例如，中国海油海洋环境与生态保护公
益基金会 2019 年捐赠 400 万元，其中，300 万元用于美丽乡村建设
项目，以改善贫困村可持续发展能力；100 万元用于资助贫困户养
羊及养殖配套基础设施建设。中央专项彩票公益金每年给保亭县
捐赠一笔扶贫资金，用于 20 多个贫困村内的小型生产性公益设施
建设。

　　图为保亭县保城镇组织全镇种植冬季瓜菜的贫困户领取冬季瓜菜专用化肥。整合与协调
各方面资源，帮助贫困户发展扶贫产业，提高贫困户的生产技能和生产能力，降低其生产成
本，减少不必要的技术性损耗等，是常见的扶贫举措之一。保亭县冬季瓜菜种植主要采用
"公司＋农户"模式进行，龙头企业除了与种植户签订最低价收购合同外，还会提供专门的
技术培训和农资保障服务。此外，对于部分种植面积较大，但未被纳入"公司＋农户"产业
模式的贫困村或贫困户，乡镇政府、定点帮扶单位等也会尽可能协调与筹措各方面资源，制
定专门的帮扶计划和项目预算，为贫困户提供农资供应、技术培训、市场连接等帮扶，确保
扶贫产业健康有序发展，保障贫困户实现增收和脱贫。（保亭县扶贫办／供图）

　　图为扶贫干部入户访贫问苦。老人、女性、贫困等，构成了许多贫困户的基本标签，很多贫困户不仅存在物质贫困的问题，更面临着许多身体和心理困境。精准扶贫、精准帮扶，除了帮助贫困户摆脱经济贫困、公共服务缺乏等现实问题外，还要帮助贫困户，尤其是帮助高龄老人、孤寡老人、留守妇女、贫困儿童等特殊群体解决身体和心理问题与困境，如疾病导致的身心不适、孤独、无助等。为此，保亭县在设计扶贫行动方案时，非常重视和鼓励扶贫干部入户访贫问苦，深入了解贫困户的心理状态，积极寻求办法解决贫困户生活中遇到的问题，有针对性地开展心理辅导与社会工作服务，和贫困户心贴心交朋友。（保亭县扶贫办／供图）

　　图为保亭县响水镇合口村定点帮扶单位组织开展扶贫慰问和暑期大学生志愿者支教活动。合口村的定点帮扶单位，除了有保亭县畜牧局等县内职能部门外，还有省级机关事业单位海南软件职业技术学院。与其他定点帮扶单位一样，海南软件职业技术学院也会经常利用自有资源，为贫困户提供一些有助于解决生产生活困境的慰问。与此同时，海南软件职业技术学院还充分利用作为教育机构的优势，每年寒暑假都组织大学生志愿者进村入户，为村里的小朋友开展义务支教活动，增加了全县脱贫攻坚行动的多样性。（周刚／供图）

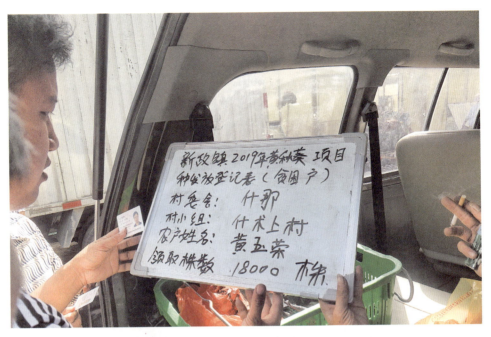

　　图为企业为签订"公司＋农户"协议的农户免费发放黄秋葵种苗。产业扶贫是提高贫困户收入的关键，但产业扶贫仅仅依靠政府行政力量是远远不足的，必须充分发挥企业和其他市场主体的作用，引进外来龙头企业参与产业扶贫。企业拥有技术和市场优势，农民拥有土地和劳动力，双方合作，各自发挥优势，各取所需，共同推动农业产业发展，是保亭县大多数扶贫产业取得成功的关键。（保亭县扶贫办／供图）

图为保亭县为最美脱贫攻坚爱心企业颁奖。为了激励和表彰为扶贫工作作出重大贡献的企业，保亭县每年都会评选最美脱贫攻坚爱心企业，同时也激励更多企业积极参与扶贫工作，并创造有助于企业参与扶贫并获得成长的良好政策环境、社会环境和市场环境。（保亭县扶贫办/供图）

图为海南省科学技术协会扶贫扶志互助课堂"科普惠农送科技 精准扶贫暖人心"活动现场。保亭县充分认识到，有效的扶贫行动离不开科学技术的支撑。为此，保亭县积极邀请和组织各专业社会团体，尤其是科技和科研领域的社会团体，发挥他们的专业优势，为扶贫工作提供科技支撑服务，帮助贫困户找到实用、适用的生产和经营技术。（保亭县科协/供图）

第 3 章

保亭县"志智双扶"
行动

保亭县地处热带山区，自然资源丰富，气候温暖，在传统农村生活环境下，农民普遍不存在吃不饱、穿不暖的担忧，广大少数民族群众普遍具有乐观、朴实的性格特征。但在市场经济环境下，优越的自然生态环境和乐观朴实的性格特征，某种程度上却成为阻碍农民群众有效参与市场并脱贫致富的内在障碍。有效改变贫困户的传统小农思维，摆脱安于现状的心理状态，学会主动适应和融入市场为导向的生产环境，并进一步激发自身的积极性、主动性和创造性，因地制宜开展"志智双扶"行动，成为保亭县打赢脱贫攻坚战的首要工作。

第一节　基层党建"三信三爱"

　　和全国许多地区类似，保亭县以前的农村贫困问题，不仅仅体现为贫困户收入低、农村基础设施差和公共服务不足等看得见、摸得着的领域，更为深层次的问题在于农村基层治理体系低效、治理能力不足等。例如，基层党组织涣散，基层干部履职意识和履职能力差，农民党员引领和榜样作用不足，干群关系紧张，村民缺乏主动参与村庄公共事务的积极性，等等。

　　针对这些深层次问题，保亭县在开展脱贫攻坚过程中，从抓基层党建入手，建立"信党信法信组织，爱村爱邻爱亲人"（以下简称"三信三爱"）的党建活动平台，鼓励农村党员带头积极投身脱贫攻坚，

中共保亭黎族苗族自治县委组织部文件

保组字〔2019〕15号

关于印发《保亭县"六事"工作法推广实施方案》的通知

各乡镇党委：

现将《保亭县"六事"工作法推广实施方案》印发给你们，请抓好贯彻落实。

中共保亭黎族苗族自治县委组织部
2019年2月28日

— 1 —

　　图为保亭县响水镇合口村采用"六事"工作法表决现场和相关文件。从保亭县农村扶贫和村庄治理实践看，其推行的"六事"工作法贯穿了"三信三爱"活动各个环节，无论是党员联户"树型"模式还是"四项"治理制度，都是靠"六事"工作法这根主线串在一起的，使之相互衔接、相互补充，并成为良性互动的有机整体。"三信三爱"活动为群众打开了有话就说的议事大门，也为农村党员干部搭建了做实事的服务平台，更为县乡政府收集民情民意"精准施政"打开了基层通道，构成了新时代践行农村基层民主的保亭模式。（周刚 / 供图）

在普通贫困户中充分发挥共产党员的先锋模范作用。

保亭县在开展以"三信三爱"为抓手的基层党建促扶贫工作过程中，因地制宜，创造性地建立了许多行之有效的操作机制和工作方法，代表性的有：构建了"党委抓支部、支部带小组、小组管党员、党员联农户"的农村基层治理"树型"模式工作格局；构建了乡村治理四项制度，包括"党群议事日"制度、"美丽村庄日"制度、"美丽村民日"制度、"村民学习日"制度，有效引导群众积极建言献策，主动参与公共事务决策和公益事业建设，主动遵守和落实村规民约及各项法律法规，积极形成相互帮助和相互关爱的邻里关系，积极形成尊老爱幼的和谐友爱家庭关系。此外，保亭县还在全县村小组层面推广"六事"工作法，实现"党员问事、党小组理事、党群商事、农户议事、党员办事、群众评事"，从党员向群众问事开始，到请群众评价结束，形成一个闭合系统。

保亭县全面持续开展的"三信三爱"活动，有效地规范了农村基层治理的基本程序，提高了党员干部和农民群众的公共参与能力，在提高贫困村基层社会组织能力和治理能力的同时，也为全面展开的脱贫攻坚工作提供了良好的农村基层组织基础和社会基础。

第二节　扶贫电视夜校

改变贫困户的思维方式，提升他们积极投身脱贫致富的信心和勇气，不能仅仅靠开会、宣传和口号，也不能简单生硬地给钱给物，而是需要让贫困户能够看到榜样和模板，让贫困户看到选择和希望。为此，海南省在全省范围内推出脱贫致富电视夜校，整合广播电视、远程教育站点、互联网、移动终端等各种媒介资源，全方位提供扶贫政策、种养技术、产销信息、就业需求、诚信文化、感恩教育等各方面内容。

保亭县把组织贫困户高质量地收看扶贫电视夜校，并定期组织开展现场讨论和交流，作为各乡镇村扶贫工作的常规内容。各乡镇党委副书记担任脱贫致富电视夜校分校校长，负责统筹和督促指导所在乡镇脱贫致富电视夜校的各项工作。每个贫困村村委会设置专门的收看设备，安排专门的收看和讨论场所，贫困村脱贫攻坚战斗中队队长则是村电视夜校组织管理的第一负责人，与驻村第一书记、驻点工作队以及村"两委"干部等，共同进行夜校教学班的组织、管理和讨论等工作；包村小队长以及帮扶责任人负责通知动员帮扶贫困户按时参加脱贫致富电视夜校的学习；第一书记负责课堂纪律管理和课后讨论；教学班管理员负责落实做好贫困户的考勤签到、钉钉签到、上传照片和日志等工作。

电视夜校主要内容包括扶贫政策、产业发展、思想教育、扶贫案例、就业信息、产销信息、市场预测、创新创业，以及其他有关内容，涵盖了脱贫致富的几乎所有内容。电视夜校每周一期，从2016年下半年开始，始终坚持，为包括保亭县在内的海南全省所有贫困户摆脱贫困，提供了重要的智力和信息支持，得到了贫困群众的广泛支持与好评。

图为保亭县响水镇合口村组织全村建档立卡贫困户集中收看扶贫电视夜校，并集中学习研讨。驻村扶贫干部日常工作的重要内容之一是组织贫困户在村委会办公室集中收看扶贫电视夜校。刚开始时，许多贫困户不理解、不配合，甚至消极抵制。基层扶贫干部把组织贫困户定期收看扶贫电视夜校提升到政治高度，严肃认真对待，通过大量扎实的群众工作，逐步取得广大贫困户的理解和支持，并由被动参与逐步转变为主动参与、主动讨论。在保亭县的各个贫困村，每周定期到村委会收看扶贫电视夜校，已经成为所有贫困户的生活习惯。与此同时，通过集中收看并积极讨论，不仅扩大了贫困户的视野，学到了新技术，更成为贫困户重要的集体活动平台，对于解决村庄公共事务、融洽村民和干群关系、提高农村基层治理，都发挥了积极作用。
（周刚／供图）

第三节　技能培训

保亭县基于县情的特殊性，把"志智双扶"中的"志"放在"智"之前，优先开展思想教育和宣传，以增加贫困群众主动发展的内生动力。但具备自主发展意愿的同时，更离不开自主发展的能力。因此，为贫困户提供各种适宜的、急需的、具有前瞻性的技能培训，成为保亭县脱贫攻坚的最重要行动措施。

图为 2019 年海南省科协科普惠农现场咨询服务点。开展农村科普活动，现场解决农民朋友在生产生活中碰到的各种问题和技术需求，也是保亭县文化扶贫的重要做法之一。除了海南省科协组织的科普活动外，保亭县科技、文化、农业、卫生、社会保障等职能部门，也会定期在各乡镇，或直接深入贫困村，开展各种类型的科普咨询活动。除了现场回答各类问题外，还会提前编制各种阅读性强的宣传材料免费分发给有需求的农民朋友。这些活动的持续进行，对于提高农民群体，尤其是与外界接触相对较少的中老年贫困群体的科学素养，提高他们生产生活和自我发展的能力，发挥了不可忽视的作用。（保亭县扶贫办／供图）

　　图为帮扶单位组织专家为保亭县响水镇合口村贫困户开展电子商务培训。随着农村 4G 网络的普及，农村电商对于贫困村的农副产品和手工制品的销售正发挥越来越重要的作用，为解决小农生产与大市场脱节的传统困境提供了新的可能。保亭县专门成立了农村电商扶贫的职能部门和工作方案，在所有贫困村都设置了专门的农村电商服务站，既作为农民买卖产品的本村集散中心，也承担了为贫困户提供技能培训和信息服务的基层节点作用。而组织专业人员定期对贫困村和贫困户开展农村电商相关理念和技能的理论及实务培训，也成为最受贫困户欢迎的技能培训之一。（周刚／供图）

　　图为保亭县农业部门组织贫困户进行割胶技能培训。橡胶是保亭县的重要热带特色经济作物之一，保亭县也是国家战略性橡胶产区，确保胶农愿意种植和收割橡胶，既符合国家战略需求，也符合贫困户增收的现实要求。为此，保亭县农业部门定期组织省农科院、农业大学等研究机构的专家，以及橡胶行业的技术能手，现场给贫困户传经送宝，实地讲解和示范，受到广大农户的热烈欢迎。（保亭县农业农村局／供图）

　　图为农业技术人员现场对农民进行百香果幼苗种植讲解。百香果作为最近几年很受市场欢迎的热带特色水果，已经成为保亭县热带特色农业产业的主打产品之一。但百香果并不是本地传统特色产品，农户多数没有专业种植的技术。随着农业部门的不断推介，以及专门的百香果种植企业的增多，保亭县农业部门逐步加强组织农业技术专家和本地百香果种植企业的技术骨干对个体种植农户进行专门技术培训的力度，极大地推动了百香果种植的普及，使百香果产业成为保亭县产业扶贫的一张名片。（保亭县农业农村局／供图）

除了依靠扶贫电视夜校为贫困户提供各种技能知识外，保亭县还指定专门的职能部门，列出专门经费预算，制定详细的培训计划和方案，以农业科技下乡、专家团队宣讲、现场参观和实践、土专家现场示范和讲解等多种形式活动为载体，调动各级农业专家、技术服务人员、生产大户、致富榜样等，按照"实际、实效、实用"的原则，为贫困户开展包括黎锦制作、家政服务、烹饪技术、建筑装修、电商人才、旅游管理、农机驾驶、挖掘机操作、农村种植养殖实用技术、新型经营主体的经营与管理等内容的培训。截至 2020 年底，保亭全县所有建档立卡贫困户平均都参与了 3—5 项实用技术培训，掌握了 1—2 项实用技能。

第四节　惠农超市

"等靠要"思想是成功脱贫和可持续脱贫的大敌，从给予到奖励的思路转变，是保亭县扶贫实践中的重要做法之一。通过政府主导、社会捐助、农户参与的方式创建脱贫攻坚惠农超市，农户以表现换积分、以积分换物资，既充分发挥了帮扶的激励和纽带作用，又调动了贫困群众的积极参与，形成"多劳多得"的良好氛围。

脱贫攻坚惠农超市以"传递爱心、扶贫济困"为宗旨，广泛动员全县有能力、有意愿的民办企业、社会组织、爱心人士参与捐资捐助，多方面、多渠道筹措超市物资，得到了社会力量的积极响应。到2020年底，保亭县每个乡镇都建设了至少1个惠农超市，全县惠农超市累积接受社会捐赠物资超过500万元，共有1万多户贫困户和5千多户非贫困户参与评分兑换。

◆◆ **访谈记录** ·····································

保亭县毛感乡毛感村委会保兴村贫困户黄武，从前整日游手好闲、不思进取，自从开展评比换积分活动以来，黄武不仅积极参与脱贫致富电视夜校的学习和讨论，还积极参加村集体卫生扫除活动，精神面貌焕然一新。非贫困户朱丽妹也不再抱怨了，因为她也能够和贫困户一样参与积分兑换物资，也同贫困户一样享受到了惠农超市的优惠政策，与村里贫困户的关系也更和睦了。（保亭县扶贫办访谈记录）

　　图为保亭县六弓乡惠民超市和保亭县脱贫攻坚惠农超市积分卡。惠农超市为贫困户提供的生活物资虽然总量不大，但对于改变贫困户的 "等靠要" 思想、增加主动参与脱贫并努力致富、改善贫困户与非贫困户之间的关系，都发挥了不可忽视的作用。（保亭县扶贫办／供图）

第五节 道德"红黑榜"

激发贫困群众的主观能动性，摒弃部分人好吃懒做、酗酒贪玩、好逸恶劳、失信不孝、自私缠闹等不良思想和行为，仅仅依靠思想工作、奖励、给予、培训等措施，依然是不够的。在法律和道德的框架内有必要奖惩结合，这在实践中被证明是必要的。保亭县在全县所有贫困村推行的道德"红黑榜"就是奖惩结合的代表性举措。

由驻村扶贫干部、村两委成员、农村党员、群众代表等共同组成的评选小组，定期对所有贫困户的思想、行为、表现等进行综合打分和评价，确定分别列入道德红榜或黑榜的名单，并在村委会和村小组进行公示和曝光。对于入选道德红榜者，进行物质奖励、表扬和宣传；对于入选道德黑榜者，惩罚措施除了公开曝光外，或酌情取消文明家庭、文明户评选资格，或取消、部分取消政策性救济和补贴，或酌情移交司法机关处理等。

表2　保亭县合口村道德"红黑榜"执行标准

列入道德红榜的行为	列入道德黑榜的行为
1. 自觉践行社会主义核心价值观，注重"四德"建设，积极遵守村规民约。 2. 认真践行"幸福是奋斗出来的"指示精神，发家致富欲望强烈，不怕苦不怕累，能积极通过自身勤劳增加家庭收入改善家庭生活，带头作用明显。 3. 身残志坚，不等不靠不要。 4. 孝顺贤惠，能尽职尽责养老抚小。 5. 睦邻友好，团结村民。 6. 爱护家庭及村庄环境卫生，积极参与村庄集体事业。	1. 违法乱纪，不注重"四德"建设，不遵守村规民约。 2. 好吃懒做，生活散漫，"等靠要"思想严重。 3. 好逸恶劳，自私缠闹，爱无事生非。 4. 不尽职尽责赡养老人、抚育小孩。 5. 危房改造完成后，旧房不拆，自己住新房，老人或残疾家庭成员住旧房。 6. 身强力壮不参加劳动、不外出务工。 7. 饮酒无节制，"小酒"从早喝到晚，喝醉酒就骂人、打人、闹事，甚至造成妻离子散的。

续表

列入道德红榜的行为	列入道德黑榜的行为
7.积极响应村红白理事会号召,自觉树立婚丧、嫁娶文明新风。 8.积极发挥自身资源优势,热心帮助本村或周边村庄适龄男青年介绍对象并完成合法婚姻手续的。 9.其他脱贫致富内生动力强的行为。	8.个人或家庭积蓄不用于扩大生产、改善生活,却热衷购买"私彩",甚至借钱也要买,整天希望"天上掉馅饼"。 9.婚丧、嫁娶大操大办,热衷讲排场、比阔气。 10.个人或家庭卫生习惯差,不积极参与村庄环境卫生整治活动。 11.其他在脱贫攻坚工作中表现出来的内生动力不强的行为。

图为保亭县响水镇合口村道德"红黑榜"。以公示的形式,公开表扬先进者、公开曝光后进者,在刚开始时遇到不少阻力。许多贫困群众不理解,认为上了黑榜太丢脸,是在故意刁难他们。但经过思想教育和政策宣传,以及道德"红黑榜"在执行实践中发挥的切实作用,少数之前不赞成或不认同道德"红黑榜"举措的贫困户都逐渐转变思想,能主动认识到自己思想和行为的不足,变被动为主动,积极参与,通过踏实的劳动脱贫致富。(刘青青 / 供图)

第六节　文化、教育扶贫

激发贫困户的主观能动性和积极参与脱贫致富的意愿和能力，除了必要的政策支持、人财物的投入、有效的组织和制度建设等，还需要充分发挥各种行之有效的手段和措施，提高贫困户的文化素养，提供健康的休闲文化选择，鞭挞以往闲暇时间喝酒打牌等不良风气，以创造积极向上和斗志昂扬的精神状态，走向脱贫致富之路。

为此，保亭县把文化扶贫作为"志智双扶"行动重要且必要的组成部分，专门制定《关于印发保亭黎族苗族自治县文化脱贫工作方案》，大力推进公共文化服务体系建设。以乡镇文体活动室建设、综合文化示范区建设、特色农家书屋创建等文化项目为抓手，加大文化惠民扶贫工作力度，开展流动图书下乡、文艺下乡、电影下乡，举办"精准扶贫"为主题的文艺专题晚会等活动。

到 2020 年底，保亭县在全县每个乡镇和每个村各建设了一个综合文化站，全部配套完善的音响、电脑、桌椅、广播、网络等硬件和软件。在综合文化站设置特色农家书屋，配备本地农业生产所需的种植和养殖技术、乡村旅游经营技术、网络经济和营销技术等方面的书籍资料。同时，在每个村都建设现代化的灯光篮球场，配套农民体育健身设施设备和相应的场地建设等。

为了更好地发挥综合文化站和休闲体育设施的效用，保亭县设置了相应的公益岗位（村级文化协管员），并提供相应的管理维护经费，制定了相应的管理制度，以负责综合文化站、体育场、休闲娱乐设施等的日常管理和维护。

开展多种形式的文艺下乡活动，是保亭县文化扶贫活动的重要组成部分。截至 2020 年底，保亭县累计组织开展送电影下乡活动 5963

场，开展送文化惠民演出 570 场次，组织县图书馆开展流动图书下乡活动 165 场，开展送琼剧下乡巡回演出活动 20 场，以及送春联下乡等各种文化扶贫活动。

　　图为 2019 年春节时保亭县文联书法家协会为贫困户送春联下乡。通过针对性地编写春联，宣传扶贫政策，倡导积极向上的社会风气，激发群众的主观能动性，抒发贫困群众心中感党恩的淳朴心情，也是保亭县文化扶贫的创新性方式之一。（保亭县文联/供图）

　　图为保亭县文体局与新政镇报什村联合党支部举办的"携手共建　助力扶贫"2016年主题党日活动篮球赛。保亭县各乡镇村充分利用已经建成的灯光篮球场和村庄休闲体育活动设施等，在各种传统节日或农闲时节，组织村民、扶贫干部等共同开展多种形式的文体活动，丰富农村文体活动，密切群众与群众之间、干部与群众之间的关系，使之成为一种常态。（保亭县文体局／供图）

图为保亭县图书馆开展的流动图书下乡活动。作为文化扶贫活动的一种形式，保亭县文体部门每年都组织本地中小学校、返乡大学生志愿者、定点对口帮扶大中专学校志愿者等，为贫困村的青少年儿童，尤其是留守儿童，开展暑期读书活动，以丰富孩子们的假期生活，倡导健康的思想观念。（保亭县扶贫办／供图）

　　图为保亭县文艺下乡活动。各种形式的文艺演出下乡，包括海南省级文艺单位、保亭县内文艺演出单位和团体，以及各乡镇村自己组织的各种文艺演出，成为保亭县脱贫攻坚的重要行动方式之一。通过紧扣扶贫主题，以歌唱、小品、快板等群众喜闻乐见的表演形式，宣传扶贫政策、脱贫榜样，讽刺各种陋习，寓教于乐，通俗易懂，对激发贫困群众的内生发展动力起到了重要作用。（保亭县扶贫办／供图）

教育是阻断贫困代际传递的治本之策，为农村贫困家庭的孩子提供高质量且可获得的教育服务，既是完善农村基本公共服务的重要一环，也是开展"志智双扶"的重要组成部分，有助于通过"小手拉大手"的方式，通过孩子去改变大人的思维方式和行为模式。

为了确保教育扶贫做到实处，保亭县特别制定《保亭县教育脱贫攻坚"十三五"规划方案》，整合协调各类资源，成立义务教育扶贫专项工作组，协同教育、扶贫、财政、民政、残联，以及乡镇政府、村委会、中小学校和所有教师共同落实教育扶贫政策，落实"控辍保学"联动工作机制，实行建立台账、人盯人、月报告、特殊学生分类保障、万名教师访万家、落实教育补助等措施，全县适龄儿童百分之百完成义务教育。保亭县构建了从学前教育到高等教育的全程特惠扶持政策体系，实现贫困学生资助全覆盖。

此外，保亭县特别重视职业教育扶贫，严格落实中职学校免费注册入学，安排专门经费支持县内中职学校为贫困劳动者免费开展各种形式的职业培训，如送训下乡、集中办班、现场实训等。

表 3　2020 年保亭县教育扶贫补助标准

序号	学段	特惠性补助	由就读学校发放的补贴	合计
1	学前	生活费：1000 元 / 年 / 生	"三类幼儿"补助（孤儿、残疾幼儿和家庭经济困难幼儿）：1300 元 / 年 / 生	2300 元 / 年 / 生
2	小学	伙食费、学习生活用品费和交通费：2800 元 / 年 / 生	家庭经济困难寄宿生生活补助：1500 元 / 年 / 生	寄宿生：4300 元 / 年 / 生
			建档立卡、农村低保、特困供养、残疾学生四类非寄宿生生活补助：500 元 / 年 / 生	非寄宿生：3300 元 / 年 / 生

续表

序号	学段	特惠性补助	由就读学校发放的补贴	合计
3	初中	伙食费、学习生活用品费和交通费：3500元/年/生	家庭经济困难寄宿生生活补助：1500元/年/生	寄宿生：5000元/年/生
			建档立卡、农村低保、特困供养、残疾学生四类非寄宿生生活补助：625元/年/生	非寄宿生：4125元/年/生
4	普通高中	生活费：1000元/年/生	普通高中国家助学金：2500元/年/生	3500元/年/生
5	中等职业教育	生活费：3500元/年/生	中职国家助学金（本省）：2000元/年/生	5500元/年/生
6	高等教育	享受情况（A.在大学享受国家助学金；B.申请并获得生源地助学贷款；C.得到社会捐助）		

　　图为保亭县教育精准扶贫政策宣传单及帮扶联系表。保障农村贫困家庭孩子获得公平且有质量的教育，是"两不愁三保障"的重要一环。保亭县基于教育精准扶贫的原则，为每一个有学生的贫困家庭建立教育精准扶贫档案，明确帮扶责任人，公开教育帮扶政策，并把教育扶贫作为精准扶贫考核的最重要内容之一，督促落实，实现了全县农村学前教育毛入学率96%，农村义务教育阶段100%入学，农村职业教育贫困劳动力100%参加职业技能培训，所有符合教育扶贫政策的各阶段贫困学生都获得了相应政策扶持。（保亭县教育局/供图）

　　图为大学生志愿者在保亭县响水镇合口村开展暑期支教扶贫行动。保亭县除了整合与协调各种政策类资源开展教育扶贫外，还积极支持和鼓励各乡镇与贫困村充分利用各类渠道和资源，吸引大学生志愿者和暑期返乡大学生到贫困村开展短期大学生支教扶贫行动，为农村贫困家庭的孩子提供丰富多彩的知识、才艺等教学和培训活动。这对于丰富贫困村儿童的知识和眼界，形成远大的理想，塑造正确的人生观、价值观、世界观，起到了积极作用。(周刚/供图)

第4章

保亭县的产业扶贫

产业扶贫是实现可持续脱贫的关键，在保亭县开展精准扶贫和脱贫攻坚的整个过程中，产业扶贫是所有扶贫行动的最重要内容之一。但发展什么产业、如何发展产业、如何克服产业发展中面临的小农困境和市场瓶颈，始终是产业扶贫绕不开的门槛。

在精准扶贫初期，保亭县各乡镇村因为不了解或不理解市场经济环境和小农生产困境的双重因素影响下的产业发展逻辑，犯了许多错误，付出了许多代价。例如，直接给农户分发种苗、幼畜、化肥等生产资料后就不管了，只能产生一次性效果，无法持续发挥作用；在较大范围内无规划、无秩序地同时种植某一作物，或养殖某一牲畜，忽视技术培训、市场连接和开发等，导致或者大面积死亡，或者局部短期内严重供过于求而大规模损失现象的发生。

针对精准扶贫初期在产业扶贫方面出现的各种错误做法和惨重教训，保亭县痛定思痛，静下心来，严肃认真地进行自我剖析，基于保亭县情，认清自身的比较优势，理清自身的资源禀赋和一切可利用的发展资源，坚持科学的方法，对全县的产业发展进行科学合理的规划，并制定具有可行性的产业扶贫方案。

保亭县产业扶贫的重要特征，可简单归纳为两大产业和一个模式，分别为热带特色种植与养殖产业、热带特色康养旅游产业和互助协作扶贫新模式。

第一节　热带特色种植养殖

保亭县地理地貌和气候特征的最大特色是"热带＋山地"，既有热带地区的高温、多雨，可多季生产，生态多样性丰富的特征；又因为地处山区而存在许多弊端，如平原或较大面积的平地较少，农田面积少，成系统的农田灌溉系统较少。

基于以上客观现实，除了水稻等粮食作物外，橡胶、槟榔、香蕉、菠萝等热带经济作物种植，以及本地品种的鸡鸭鹅和五脚猪等禽畜养殖，在保亭县黎族苗族群众的传统农业生产结构中具有非常重要的地位。保亭县在开展产业扶贫时，基于前期的经验教训，结合产业发展的基本原则，遵循市场经济规律，立足本地县情和传统产业结构的基础，重点推出冬季瓜菜、热带特色水果、热带特色经济作物，以及具有本地特色的热带特色养殖，使其共同成为保亭县农业产业扶贫的核心。

保亭县的养殖产业总体上包括两种类型，其一是市场需求较大的传统养殖品种，如鸡、牛、羊；其二是市场需求相对较小，但具有较高市场价值的特色养殖，如豪猪、鸽子等。在养殖品种的选择上，保亭县农业部门倡导以传统本地特色品种为主。在养殖方式上，在符合环境保护条件的情况下，实行集中养殖与分散养殖相结合的方式，既包括流水线式的养殖场养殖，也存在大量中小规模的林下养殖。在经营方式上，保亭县除了引进龙头养殖企业外，还大力推动贫困村组建各种养殖合作社，并且在远离居住区的林地或荒坡等区域建立养殖基地，在符合政策的情况下，通过产业扶贫项目的协助，促进"合作社＋基地＋农户"为核心的产业发展模式。贫困户一方面拥有股份，另一方面在养殖基地打工，实现了良好的经济效益和社会效益。

　　图为保亭县六弓乡芒果收购点。经过几年的探索和发展，保亭县热带特色果蔬产业与全国大市场的融入程度不断提高，目前已经形成了农户生产、龙头企业或合作社技术支持和市场销售、政府政策支持的良性循环。芒果作为保亭县热带水果的代表，因其产量高、品质好，在市场上具有很强的竞争力，随着种植技术的不断改良和更新，同样成为保亭县助力脱贫的重点农产品。（保亭县扶贫办／供图）

　　图为保亭县加茂镇茶农采摘茶叶。保亭县的热带山区气候非常适合茶叶生长。为此，保亭县农业部门特别支持茶农扩大种植面积，更新茶叶品种，组建茶叶种植合作社等新型经营主体，创建独立品牌，打开市场销路，使茶叶产业成为保亭县扶贫产业的重要组成部分。（保亭县农业农村局／供图）

图为保亭县新政镇报什村农户进行冬季瓜菜的采摘。以往，农户种植蔬菜水果主要是自己食用，少量多余的会在本地市场出售，由于缺乏市场经营环境和意识，难以进入全国大市场。随着海南岛内区域交通网络和海南岛与内地之间立体交通网络的形成，全国农产品物流和销售网络不断完善。同时，全国对于海南等热带地区冬季瓜菜的需求量持续提高，这为保亭县改变传统农业种植结构和种植方式提供了重要的外部环境。经过多年探索和市场选择，保亭县逐步形成了以小辣椒、豇豆、茄子、黄秋葵等产量高、价格高、市场需求量高为特征的冬季蔬菜为主的种植结构，蔬菜已经取代水稻等粮食作物成为保亭县当前大田种植的核心，也成为保障贫困户持续增收的最关键来源。（保亭县扶贫办／供图）

　　图为保亭县新政镇报什村农户进行冬季瓜菜的田间管理。与本地农户以自给自足为目的的传统蔬菜种植不同，以市场需求为导向的产业化蔬菜种植，在品种选择、育苗、栽种、田间管理、品质管理等所有生产环节都发生了巨大变化，已经彻底超出了贫困户的传统观念和知识范畴。为此，保亭县农业部门、科技部门，以及在保亭县从事冬季瓜菜种植和市场开发的龙头企业等，都把对农户的技术培训作为整个产业健康有序发展的首要工作，定期开展各种类型的技能培训，广泛宣传种植和管理的技术要点，推出优秀种植户作为示范典型。（保亭县扶贫办／供图）

　　图为保亭县新政镇石让村黄秋葵收储现场。农业产业发展失败的众多案例都表明，生产环节往往并不是导致产业发展失败的重点，市场销售环节才是关键。保亭县前期产业扶贫的许多失败案例，主要原因同样是未能有效地把小农生产与大市场网络连接起来。保亭县在后期的冬季瓜菜产业开发上，把很大一部分力量放在解决该问题上，基本原则是让正确的人来做正确的事，让市场主体来帮助连接市场。为此，保亭县专门引进龙头企业，由企业带动个体农户的生产，并负责农产品的收储和销售，有效地解决了此前小农户与大市场脱节的难题。（保亭县扶贫办 / 供图）

图为保亭县六弓乡百香果种植基地。保亭县的气候特征非常适合热带水果生产，农户有种植各种热带水果的传统。但作为市场导向的生产，本地许多传统品种并不完全适合，或者产量太低，或者水果口感不佳，或者口味特殊而不适合大规模市场开发等。为此，保亭县农业部门经过大量市场调查和研判，重点发展百香果、红毛丹、芒果等市场附加值高、需求量大的新品种，与海南省农科院、热带农业大学，以及龙头企业等合作，支持新品种引进和改良。目前，百香果、红毛丹等特色水果已经成为保亭县农业产业扶贫的代表性名片，因保亭县独特的气候特征，水果品质好，市场价格高，在市场上具有稀缺性和独特性，成为助推贫困户增收的利器。（吴晓璐 / 供图）

　　图为保亭县南林乡兰花种植基地。随着人们生活水平和欣赏水平的提高，鲜花、盆栽等欣赏植物的市场需求量逐年攀升，而具有高观赏性、长生长周期、易照顾性等特征的热带兰花，也越来越受市场欢迎。保亭县南林乡等多个乡镇贫困村通过"企业＋农户""合作社＋农户"等多种形式，引进包括文心兰、万代兰、石斛兰等多个市场欢迎度较高的品种，组织相关领域的技术专家和市场专家为种植户提供种植技术和市场开发培训，并且加大通过淘宝、拼多多等网络平台开发市场的力度，使热点兰花产业成为保亭县热带特色种植产业的又一张新名片。而贫困户通过集体股份入股、在生产基地打工、个体加盟种植等多种方式，使热带兰花产业成为助力贫困户持续增收的有力手段。（毛绵逵／供图）

　　图为保亭县南梗绿色南药益智专业合作社的林下经济。保亭县存在大量橡胶林，在茂盛的树叶掩盖下，橡胶林内部阳光缺乏，植被较少，成为发展林下经济的最佳场所。经过不断探索，目前已经初步形成橡胶林下种植南药（以益智为代表），养殖本地特色的五脚猪、山鸡、鸭子等相结合的综合林下经济模式。与此同时，农业部门大力支持贫困村组建专门的合作社，组织专业技术人员提供种植和养殖等技术和市场培训，提供创业资金协助和金融扶持，发展和创建自有品牌等。目前，具有保亭特色的林下经济模式，正越来越成为贫困户增收的又一个新门路，有利于贫困户可持续增收，可有效防止脱贫户返贫。（毛绵逵／供图）

图为保亭县三道镇兴达养殖专业合作社山鸡养殖场。（保亭县农业农村局/供图）

图为保亭县什玲东大种养殖农民专业合作社养鸡场。（保亭县农业农村局/供图）

图为保亭县保城镇养鸽合作社养殖场。（保亭县农业农村局/供图）

图为保亭县南林乡李台黄牛养殖场。(保亭县农业农村局/供图)

图为保亭县新政镇新政村黑山羊养殖合作社养殖场。(保亭县农业农村局/供图)

图为保亭县南林松玉豪猪养殖农民专业合作社养殖场。(保亭县农业农村局/供图)

第二节　热带特色康养旅游

由于地处海南岛中部山区生态环境保护区，对可能产生较大污染的重化工业、大规模养殖业，以及高能耗产业等，都有严格的政策限制。基于保亭县情和产业发展的政策环境，保亭县扶贫产业除了热带特色种植和养殖业外，最重要的核心产业是热带特色康养旅游产业。

保亭县旅游资源的核心特征有两个，其一是热带山区生态环境与自然资源，其二是黎苗少数民族文化风俗。保亭县属于"大三亚经济圈"范围内，以热带山区和黎苗风情为核心的旅游资源，与三亚以热带海洋性生态环境为核心的旅游资源，形成很好的互补效应。

发展旅游业，是保亭县的比较优势，也是市场经济的必然结果。在开展产业扶贫过程中，保亭县充分发挥旅游业能充分带动就业的天然优势，发展全域旅游，充分调动和利用农村生产生活中的各种要素，整合与协调市场资源，形成既有 5A 级、4A 级等重点旅游和休闲景区，又有农家乐等为代表的乡村旅游的立体综合旅游产业格局，为充分吸纳本地贫困劳动力，促进脱贫户持续增收，提供了重要的产业保障。

结合市场需求和本地资源禀赋，保亭县当前的旅游产业总体上可分为两大类型，其一是热带民族风情旅游，即以热带生态风光和自然资源、黎苗少数民族风情为核心旅游资源的传统旅游模式，游客多以短期游览为主，相关服务行业主要为传统的交通、餐饮、民族风情体验和特色产品销售等。其二是康养旅游，提供较长时间的住宿、餐饮、民族风情体验和文化艺术交流、体验及休养等综合服务。

图为保亭县2019年国际博物馆日、中国旅游日暨爱心消费扶贫大集市活动开幕式现场。经过多年的发展，保亭县的旅游资源在三亚经济圈，以及整个海南岛，都已经小有名气，具有良好的市场口碑。在海南岛着力打造国际旅游岛的大环境下，保亭县的热带康养旅游已经成为海南省旅游产品的一张名片。保亭县充分利用自身比较优势，通过各种宣传平台，定期开展旅游产业宣传和市场营销，成为保亭县促进旅游业发展的重要手段之一。（保亭县扶贫办/供图）

图为保亭县槟榔谷景区入口。槟榔谷景区是保亭县高端旅游资源的典型代表，既充分展示了热带山区的生态环境和自然风貌，更是保亭县黎族人民的历史和文化博物馆。作为保亭县旅游产业的重要名片，该景区每年吸引大量游客参观，对于带动全县旅游产业和服务业的发展、间接带动服务行业就业，有着重要作用。（毛绵逵/供图）

图为槟榔谷景区内的脱贫致富一条街。槟榔谷景区所在地此前为典型的贫困地区，保亭县充分引入市场资金，通过租用山地的形式，重金打造民族风情旅游景点。为了更好地回馈本地农户，景区优先吸纳当地贫困户就业，在景区内专门设置了旅游扶贫街区，为贫困户免费提供摊位销售各种旅游产品；同时，充分利用本地传统的黎锦织造传统，吸引本地劳动力在景区内利用传统方法现场制作黎锦，既展示了黎族的传统文化产品，为传统黎锦织造技术的有效传承提供了平台，也为本地农户提供了重要的创收渠道。槟榔谷景区这种结合产业发展的扶贫模式，在保亭县的绝大多数景区已经得到推广，为脱贫户持续增收提供了重要的产业支撑。（毛绵逯／供图）

　　图为保亭县响水镇合口村由废弃小学校舍改建成的河口书苑。农家乐、民俗等乡村休闲旅游是保亭县多元化康养旅游的重要组成部分。在开展脱贫攻坚产业扶贫的过程中，保亭县支持有条件的贫困村充分利用现有集体资产，如已经腾空的小学教学楼和操场等，进行招商引资和市场开发，改建为既具热带民族风情，又满足现代服务标准的乡村旅游设施，在促进旅游产业发展的同时，还盘活了集体资产，带动了贫困劳动力就业，成为旅游扶贫和产业扶贫相结合的典范。（周刚／供图）

　　图为热带乡村休闲旅游的从业者。保亭县把乡村休闲旅游作为旅游产业的重要组成部分，制定专门的产业发展规划，出台详细的行业发展规范，完善乡村旅游的各种基础设施建设，对从业人员进行系统的技术培训，对旅游服务的全过程进行监督管理，促进乡村旅游产业的健康发展。保亭县已成为全国全域旅游示范县。（保亭县扶贫办 / 供图）

第三节 互助协作扶贫新模式

扶贫产业的最终目的是帮助贫困户增收，但各种失败的案例都表明，作为小规模生产者的贫困户，具有典型的小农特征，在面对以市场为导向的产业发展中具有天然的弱势。保亭县在产业扶贫的早期出现许多失败的案例，其重要根源之一，就是由贫困农户独立发展产业，单独面对市场，导致扶贫产业陷入无序发展、低技术水平下的过度竞争等困境，最终导致产业发展失败。

保亭县基于早期的经验教训，既充分考虑贫困农户作为产业发展主体的重要性，也认识到个体分散状态的小农直接无序参与产业扶贫的弊端，进而明确了扶贫产业发展中互助与协作的必要性，以提高产业发展中的组织性、适应性和竞争性。保亭县产业扶贫实践中，互助与协作原则主要体现为农民合作社、扶贫车间、"公司＋农户"等模式。

热带特色种植和养殖业，始终是保亭县农业产业扶贫的重点方向。基于本地特色品种的禽畜养殖，在开展产业扶贫的前期，传统的散种、散养模式，多数都因不可持续而导致失败。随后，保亭县把产业扶贫中的组织和管理机制创新，作为与产业选择、政策支持、金融支持、技术支持、市场连接等同等重要的环节，全力推进农民专业合作社的创建、组织、制度建设和管理、运行维护能力的提升。合作社作为新型经营主体，贫困户参与入股，以产业扶贫资金、贫困户的土地等作为股金，由合作社进行专业的生产管理和经营，贫困户参与分红。农民专业合作社有效地克服了贫困户散种、散养的小农困境，也成为更有效使用产业扶贫资金和资源的新平台，有效地连接了政府、市场和贫困户。

　　图为保亭县加茂镇共村巾帼养殖农民专业合作社 2019 年分红现场。以合作社为核心的扶贫产业互助与协作的主体是贫困户。由于贫困户散种、散养模式的弊端，早先直接资助贫困户的产业扶贫资金，则全部投入合作社经营使用，但扶贫资金的本金所有权依然归属贫困户，并且以此股金获得年终分红。不同合作社的贫困户入股资金规模、分红方式则不尽相同，由合作社成员协商确定。随着以种植养殖为主的各类农民专业合作社的广泛成立和逐步规范，以合作社为经营主体的专业化种植养殖逐渐取代以往个体农户散种、散养的传统模式，并且越来越多的合作社在适度规模经营的基础上逐渐开始打造自有品牌，提高合作社的经营能力，为确保脱贫户持续增收奠定了重要基础。（保亭县扶贫办／供图）

　　图为保亭县新政与香缘降真香加工专业合作社和半弓芒果合作社的生产加工场景。保亭县把农民合作社进行手工艺品加工、农产品加工等为主的产业互助与协作模式称为扶贫车间，与种植养殖合作社一起，构成了产业扶贫中互助与协作的另一个代表性模式。扶贫车间一般由具有一定技术基础或市场基础的乡村精英群体组建，以自筹资金为主组织开展生产和经营，同时自负盈亏。扶贫车间在生产经营的过程中，可以根据产业扶贫政策，申请承担产业扶贫项目，使用产业扶贫资金，并且按照相应的股份给贫困户分红。与此同时，扶贫车间还采取直接聘用贫困劳动力，或者部分生产环节外包给贫困户生产等方式，帮助贫困户增加收入。（保亭县扶贫办／供图）

　　图为新政与香缘降真香加工专业合作社生产的手串和合口村扶贫车间生产的手工皂。保亭县扶贫车间一般具有以下几个特征：一是总投资较小，一般在本地农民能承受的投资范围之内，投资风险较小。二是生产所需的技术含量较低，易学易懂。三是充分利用本地自然资源、农副产品、劳动力资源等比较优势，如新政与香缘降真香加工专业合作社的产品，主要原料为本地山林中腐朽的名贵木材，而合口村扶贫车间生产的手工皂的核心原料为猪油。四是结合市场需求，嵌入一定的文创性，生产具有一定特色和市场辨识度的产品。（保亭县扶贫办 / 供图）

图为保亭港海高新农业开发有限公司在石让村进行 2020 年黄秋葵种植户分红。以黄秋葵为代表的冬季瓜菜种植产业，已经成为保亭县产业扶贫的最重要组成部分。但以市场需求为导向的冬季瓜菜产业，依靠贫困户自主经营的散种、散养模式是无法成功的。为此，保亭县通过引进龙头企业，实行"公司＋农户"的产业发展模式，企业根据市场需求与农户签订具有最低收购价保障的生产订单，全程提供生产与管理技术培训、良种肥料等，确保产品质量，并负责农产品的收购和市场销售。以"公司＋农户"为核心特征的冬季瓜菜产业，成为确保贫困户持续增收、防止脱贫户返贫的产业名片。（保亭县扶贫办／供图）

响水镇 895KW 光伏扶贫项目
产权移交协议书

甲方（移交方）：保亭县响水镇人民政府
乙方（接收方）：响水镇合口村委会

一、项目基本情况

响水镇 895KW 光伏扶贫项目于 2018 年 8 月 1 日动工，2018 年 11 月 9 日并网发电，总投资 8256297.33 元，项目业主为保亭县响水镇人民政府，地点位于新政镇冷冻厂房项。

二、产权移交方式

（一）经响水镇党委扩大会议研究决定，结合响水镇贫困分布情况以及各村委会的贫困情况，移交方按照项目总投资的 13% 作为产权额移交给接收方，产权金额为 1073318.65 元，产权份额作为光伏项目上网发电收益分配的依据，响水镇政府结算上网发电收益后按照产权份额比例拨付相应的收益金额，该项目后期运营维护成本费用由接收方按照产权份额比例承担相应的费用。

（二）自协议书签订之日起，至 2028 年 12 月 31 日，接收方需将扣除运营维护成本后的所有收入用于向本村建档立卡贫困户进行分红，累计分红 10 年。分红满 10 年后，接收方可结合本村委会实际情况把收入用于发展村集体经

　　图为保亭县响水镇的光伏扶贫。冬季瓜菜产业"公司＋农户"模式中，公司与农户之间的互助与协作，是纯粹以市场原则为核心的。但保亭县光伏扶贫产业发展中的"公司＋农户"模式，则不完全由市场原则主导，而是积极发挥了政府的作用，基于实际情况形成了"政府＋公司＋农户"的产业扶贫模式。响水镇是保亭县光伏扶贫产业的主要分布区域，由财政产业扶贫资金投资的光伏产业，与冬季瓜菜可由贫困户负责分散生产不同，其较高的技术要求，决定了贫困户无法大规模直接参与光伏发电的生产或经营环节，而是需要由专门的光伏发电企业负责。为此，响水镇在引进专业的光伏发电企业负责集中运营的同时，把所有光伏产业的投资作为响水镇贫困户的入股资金，每年按照光伏发电的利润分红，由镇政府发放给全镇所有贫困户。虽然单个贫困户所能获得的分红资金不会太多，但分红周期预期长达 20 年。(保亭县扶贫办／供图)

图为被中华全国妇女联合会授予全国巾帼脱贫示范基地的保亭县加茂镇共村巾帼养殖农民专业合作社。(保亭县扶贫办/供图)

第 5 章

保亭县的消费扶贫

确保脱贫户不返贫的关键在于获得持续增收的渠道，这主要通过发展多元化的产业来实现。但扶贫产业的持续健康发展，除了要做好生产环节的工作，更为关键的是销售等市场环节的有效连接，要确保农副产品能及时以合理的市场价格销售出去。

　　保亭县一方面推动"公司＋农户""合作社＋农户"为核心的扶贫产业发展模式，通过引进龙头企业和创建合作社等新型经营主体的方式，把连接市场的工作交给公司、企业、合作社等经营主体，农民则专注于生产环节。但该模式并不能覆盖所有农副产品的市场销售，广大脱贫户生产的种类繁多的农副产品，许多仍然是散种、散养方式生产出来的，农户依然是完全的市场主体，既是生产者，也是销售者，小农生产难以有效进入大市场的困境依然不同程度地存在。

　　为了解决这一困境，保亭县从消费端入手，推出了一系列举措推动消费扶贫，在实践层面构建了生产者与消费者有效衔接的若干新渠道，如以购代捐、农村电商体系建设等。

第一节　以购代捐

　　保亭县扶贫产业，尤其是贫困户自己生产的产品，绝大多数都是可以直接消费的农副产品，以瓜果蔬菜、米面粮油、肉蛋奶等为主。为了帮助贫困户更好地销售农副产品，保亭县发出了以购代捐，鼓励和倡导各级机关和国有企事业单位等带头参与消费扶贫的倡议。具体措施包括：组织开展农副产品定向直供直销全县各机关、学校、医院和企业单位食堂活动；倡议全县各级领导干部率先垂范，或向定点帮扶贫困村、贫困户直接购买，或向承担产业扶贫任务的合作社直接购买，或在"海南爱心扶贫网"等专门站点直接购买所需的农副产品。

保亭县根据本地消费水平以及人们的日常生活支出情况，倡议各级领导干部带头参与，以身作则，县级领导干部每月以购代捐消费200元，科级干部每月消费150元，科级以下财政供养人员每月消费100元。

全县各级领导干部都积极支持并参与以购代捐活动，实际的每月消费额度也远远高于县政府的倡议消费额度，在采购日常生活所需物资的同时，产生了积极的榜样作用。事实上，绝大多数非领导干部的财政供养人员，以及众多非财政供养人员，都积极支持并参与以购代捐消费扶贫，为自己和亲戚朋友采购所需的农副产品或手工艺品。

爱心扶贫大集市，是保亭县消费扶贫中以购代捐的具体实践方式之一。每月17日，以及元旦、春节、劳动节、端午、中秋、国庆节等法定节假日，爱心扶贫大集市都会在保亭县城专门指定的交易场地开集。全县任何贫困户、农民专业合作社、扶贫车间、经营扶贫产业的公司等，都可以把自己生产的农副产品拿到大集市现场进行展示、销售或业务洽谈。

从推动全县经济发展和产业进步的角度，保亭县每年举办海南国际旅游消费年、美食购物百节嘉年华、海南冬交会、屯昌农博会、嬉水节农特产品展销会、红毛丹采摘节等重大特色活动。在此期间，同时举办以推介保亭县特色产品为主的专场展销会，作为爱心扶贫大集市的专场。

此外，保亭县倡议商场、超市、农贸市场、旅游景区等，不收取贫困户一分钱入场费、保证金、管理费，不设任何门槛，积极参与消费扶贫，开设贫困地区农产品销售专区、专柜，积极拓宽消费扶贫的线下销售渠道。

　　图为保亭县 2018 年"互联网＋爱心消费"扶贫项目招商活动和 2018 年消费扶贫展销启动仪式现场。消费扶贫并不是简单的倡议消费者积极购买扶贫产业的产品那么简单，而是需要构建生产者、消费者、信息分发平台、金融支持系统、物流网络支持系统、质量监督与保障机制等不同功能区块协作运行的复杂系统。在当地缺乏成熟的市场和营商环境的情况下，单纯依靠市场自发形成上述系统，在短时间内几乎不可能，因此地方政府的有效介入尤为重要。保亭县通过组建专门的消费扶贫工作小组，制定相应的支持政策和制度，协调各方利益主体，定期组织消费扶贫相关推介和展销活动，为推动保亭县消费扶贫取得实效产生了重要作用。（保亭县扶贫办／供图）

图为保亭县爱心扶贫大集市"以购代捐"现场。每当爱心扶贫大集市开集的日子，众多经过地方政府和扶贫部门认证的农副产品，都会吸引全县大量客户现场购买。目前爱心扶贫大集市销售的农副产品，主要包括瓜果蔬菜、米面粮油、禽畜肉蛋奶、茶、酒、药材、山珍、鲜花等本地生产的生鲜产品或简单加工后的农副产品。爱心扶贫大集市受到全县广大干部群众欢迎，除了积极参与消费扶贫并贡献一份社会责任外，农副产品的质优价廉是最主要原因。2019 年，保亭县组织了 14 场爱心扶贫大集市展销活动，累计销售农副产品1459.41 万元，直接受惠贫困户达 17016户。（保亭县扶贫办 / 供图）

　　图为扶贫集市惠农街。与设置在县城固定场地、农贸市场、超市等主要服务本地居民的情况不同，设置在旅游景区的消费扶贫专区，主要面向来自全国各地的旅游顾客群体，这就要求所销售的农副产品必须保证高品质、有特色、易携带、有品牌辨识度，且价格上有竞争力。这对于扶贫产业提出了更高的要求，即产业扶贫不仅要生产出产品，还必须要生产技术、市场营销、品牌塑造等全方位升级，从而提高扶贫产业的附加值和市场竞争力。保亭县在这方面为扶贫产业经营者提供了包括技术、组织、管理、金融等全方位的政策支持，并以此为抓手，推动全县农副产品生产加工产业的升级和提档，更好地确保脱贫户的持续增收。（保亭县扶贫办／供图）

第二节　农村电商

个体农户与大市场不同程度的脱节，是以往贫困地区最大的困境之一。在大市场的风云变幻中，个体农户只能随波逐流，或者幸运地碰到好时机，或者不幸地成为市场变幻的牺牲品。打破个体农户与大市场之间的信息壁垒、尽可能降低中间商的市场垄断、获得快捷完善的农业生产要素的供给等，是以往农村经济改革的重要目标，也是保亭县打赢脱贫攻坚战的重要着力方向。为此，保亭县把推动农村电商发展、推动电商扶贫作为重要工作，进而推动以农村电商为媒介的消费扶贫。

一是建设农副产品上行体系。具体工作包括建设县级物流配送中心，购置物流配送车辆，完善三级物流配送体系。配置规范化的仓储物流及冷链设备设施，并对配送中心实施信息化改造。开发物流配送管理信息系统，推动县级仓储配送中心的智能化、标准化、信息化。整合县域内快递物流资源，降低农产品物流上行成本，开通县城至乡镇、村的物流配送线路，实现配送线路覆盖全部乡镇及村级电商服务站。县城至乡镇实现每天配送，乡镇至村实现两天配送一次。

二是培育及推广农产品品牌。按照"一村一品"的思路，重点推广红毛丹、百香果、山竹、榴莲、四棱豆、山兰米、什玲鸡、六弓鹅等农特产品，通过运营中心和专业团队的品牌策划、工艺提升、包装设计、营销推广等手段，以统一品牌打造保亭县网络销售地标产品，做好线上线下相结合的品牌宣传推广活动，提升本地产品品牌整体影响力及核心竞争力。

三是建设网销农产品质量保障体系。创建企业诚信评价体系，制定保亭县网络流通农产品质量标准，建立产品认证和防伪标识系统，建设农产品品控检测中心，综合运用条码识别、二维码等多种网络技术，对保亭县"三品一标"等特色农产品整个供应链，包括生产、加工、包装、仓储、运输、装卸、配送等进行规范化管理；依托农业产业基地、农村专合社等建设 1—2 个保亭县电子商务农产品模范种植基地，对种植基地的农特产品建立"从农田到餐桌"的全过程质量追溯系统。

四是加强宣传引导与人才培训。保亭县各级政府部门、帮扶单位和帮扶干部，根据各自的资源和渠道，采用户外、广播、电视、报纸、网站、微博、微信等各种宣传渠道，广泛宣传各乡镇发展特色农业的经验做法，推介扶贫品牌农产品，宣传电商扶贫、消费扶贫。对各乡镇干部、村两委干部、建档立卡贫困户、电商创业脱贫带头人，以及农村青年致富带头人、残疾人、帮扶责任人等，整合各类培训资源，开展电商消费扶贫培训，不断提高贫困人口使用网络和用户终端的能力。推动淘宝、京东、拼多多等电商企业与保亭县各贫困乡镇村开展合作，共建电商扶贫及创业实训基地。

◆◆案　例·保亭电商协会助推农村电商扶贫

保亭电商协会会长宋海曼是土生土长的保亭姑娘，2011 年本科毕业于中国农业大学农林经济管理专业，毕业后先是在北京的商务咨询行业工作了两年。她的父亲是保亭县当地农垦职工，2010 年后橡胶价格大幅度下跌，而家里种植的粮食和各种热带水果因为远离内地市场，卖不上好价格，家庭收入骤减，宋海曼萌生了利用所学知识回家帮助父亲的念头。

宋海曼刚开始的想法比较单纯，只是希望能把家乡的特色水果运送到广东乃至更远的上海、北京等地的市场销售，走的是传统中间商的路子。宋海曼首先想到了红毛丹，保亭县气候生产出来的红毛丹质量非常好，但因为总产量不高，市场知名度低，除了本地人以外，外地人很少知道。宋海曼的第一笔生意是采购了 4000 斤红毛丹发往北京新发地农贸市场，本以为销售不成问题，但她很快发现与在该行业内经营多年且有着成熟的购销网络的经营者相比，自己并没有优势，她遭遇了几乎"零销售"的窘境。

她发往北京的第二批货，因为物流延迟，红毛丹在机场多放置了一天才起飞，到北京后品相发黑、味道发酸，几千斤果子只能低价甩卖。两次下来，她刚成立的公司面临严重亏损。

2014年左右，随着全国电子商务的蓬勃发展，保亭县的微商行业如星星之火般崛起，不仅有"保亭生活""真的有料""田园"等微商城，还有大量的个人微商从业者，产品体量相当可观，动辄几百上千斤的订单。宋海曼从中看到了转型的希望，她将保亭县城里的众多微商从业者，以及之前建立联系的众多果农联合起来，于2016年成立保亭电商协会，将全县走电商渠道销售的货物集中，由电商协会免费为各大平台打单子、包装，联系快递统一运输，提升运输量，降低运输成本，并且定期组织开展各种技术和管理培训等。

2017年金砖国家领导人厦门峰会给了宋海曼"涅槃重生"的机会，也为保亭县的红毛丹打开了市场知名度。经过多方努力和推介，宋海曼成为此次峰会的水果供货商之一，拿到了6000斤红毛丹的订单，但会务组规定水果不能打农药。为了达到产品要求，她与所有从事订单生产的果农提前做好工作，在进行严格的生产和质量管理的基础上，通过差异化定价机制，调动果农精细化管理的积极性，保证了产品质量完全符合大会的品质要求。

此后，保亭电商协会逐步走上正轨，在重点销售红毛丹等本地优质特色水果的同时，还逐步增加新的本地特色水果品种以及其他特色农副产品，如百香果、茶叶、山珍等。所销售的产品中，既有从电商协会长期合作的农户处统一收购的水果，也有其他农户委托代售的农副产品。

在保亭县开展脱贫攻坚战的过程中，保亭电商协会积极参与扶贫工作，充分发挥自身销售网络的优势和特色，不仅协助组织开展保亭县爱心扶贫大集市，还与全县各乡镇村合作，对贫困农户和其他扶贫产业经营者开展农村电子商务的现场培训和宣传。

　　图为保亭县的电子商务便民服务站。为了充分发展农村电商，并推动全县农业产业和农村经济发展，助推农业产业结构调整与升级，保亭县花大力气推动农村电商服务体系的建设，其中一项重要举措就是在每个村都建设一个电子商务便民服务站，并且利用市场化运行的方式运营，既帮助村民接受网络购物的包裹，又是农民网络销售农产品的村级投寄点。村庄电子商务便民服务站的建设构成了一个基层网络，有效地解决了农村电商发展"最后一公里"的物流配送难题。(毛绵逶 / 供图)

　　图为保亭电商协会在进行特色农产品现场分装。保亭县每年大量出产优质的热带特色水果，以往处于"藏在深山无人知"的窘境和困境，外销困难，本地又供过于求。随着全国电子商务的兴起，保亭县的许多外出精英也逐渐看到了机会，回乡创业，把本地农民生产的优质水果收购起来后，通过网络销售到全国市场。保亭电商协会，是全县从事农副产品网络销售的众多创业者和经营者组成的社会团体，在保亭县相关部门的大力支持下，还承担着为其他创业者，以及农户、合作社等农副产品生产者提供技术、市场和管理等宣传及培训的重任。借助电商改变全国商业结构的东风，保亭县农村电商这几年也快速发展，已经成为农村经济发展的重要助推器，也是推动脱贫户持续增收的重要机制。（毛绵逯／供图）

图为保亭县红毛丹收购与收储现场。随着保亭县的热带特色水果走向全国市场，保亭县加大了优质水果的品牌建设和推广，同时在水果质检、收购、冷链存储等环节加大投入，为全县热带特色水果产业的进一步发展和升级迈出了坚实的步伐。（保亭县扶贫办 / 供图）

图为合口扶贫工作车间生产的手工皂的淘宝网店首页截图。为了推动消费扶贫，海南省扶贫部门专门建立了"海南省爱心扶贫网"，各贫困村、贫困户、农民合作社等经营主体，都可以在该平台销售农副产品。但由于该平台的市场知名度偏低，保亭县各乡镇村扶贫产业经营者更习惯在淘宝、京东、拼多多等知名度高的电商平台上销售产品。随着全新互联网基础设施的逐步完善，以及智能手机的全面普及，农民对网络购物、网络销售农副产品等也经历了一个从陌生到了解，再到认同和熟悉的过程。目前，保亭县各主要农副产品的直接或间接触网率越来越高，成为确保全县农副产品直接进入全国大市场的利器。（毛绵途 / 供图）

第 6 章

保亭县的金融扶贫

脱贫攻坚的核心在脱贫，脱贫的基础在于较大规模的持续有效的资金投入。与可营利的市场开发不同，脱贫攻坚的许多资金投入都是分散的、基层社区的基础设施和公共服务等非营利性领域，难以通过以营利为目的的市场渠道筹资，需要纯粹的公共财政投入，以及具有慈善或互助性质的社会筹资。与此同时，也存在大量可营利的产业扶贫项目，可交给市场主体，基于市场规则筹集资金，获取金融支持。

第一节　财政投入

为了更好地发挥来自各级政府，以及不同职能部门以不同名义和类型投入的财政资金，保亭县根据中央和海南省的相关政策原则，统筹整合使用财政涉农资金，充分发挥涉农资金的整体效益、规模效益、政策导向、杠杆作用，每年都会制定统筹整合财政资金的实施方案。例如，保亭县《2017 年统筹整合使用财政涉农资金（调整）实施方案》，统筹中央资金、省级资金和县级资金共计 28533.32 万元，涉及 25 项不同类型财政资金，包括中央资金 13 项、省级资金 10 项、县级资金 2 项，各类资金分别占统筹整合使用财政涉农资金总额的46.32%、33.71%、19.97%。而统筹整合后的资金，则主要投向教育扶贫、医疗保障、住房保障、产业发展扶贫、技能培训扶贫，以及基础设施建设 6 个方面。

表4 2017年保亭县统筹整合使用财政涉农资金汇总表

序号	财政资金名称	计划统筹资金（万元）	备注
1	中央财政专项扶贫资金（发展资金）	3831	中央资金
2	中央财政专项扶贫资金（少数民族发展资金）	900	中央资金
3	中央财政专项扶贫资金（以工代赈资金）	800	中央资金
4	中央调整优化农业种养结构补助资金	200	中央资金
5	中央级农村危房改造补助资金	2730	中央资金
6	中央水利发展资金	937.26	中央资金
7	中央农村综合改革转移支付	719	中央资金
8	2017年中央农业综合开发补助资金	878.65	中央资金
9	2015年农民专业合作组织发展资金	193	中央资金
10	2015年农田水利设施建设和水土保持补助资金	190	中央资金
11	2016年中央专项彩票公益金支持扶贫资金	1570	中央资金
12	2016年农民专业合作组织发展资金	193	中央资金
13	2016年财政扶贫专项资金	74.95	中央资金
14	省级财政专项扶贫资金（发展资金）	4335	省级资金
15	省级财政专项扶贫资金（少数民族发展资金）	530	省级资金
16	省调整优化农业种养结构补助资金	205	省级资金
17	2017年中部地区农业发展资金	1407.91	省级资金
18	省级农村危房改造补助资金	1462.5	省级资金
19	省级水利发展资金	138	省级资金
20	省级新增建设用地土地有偿使用费资金（按因素法分配）	399.9	省级资金
21	省级农村综合改革转移支付	346	省级资金
22	2017年省级农业综合开发补助资金	658.26	省级资金
23	2016年省级农民专业合作组织发展资金	137	省级资金
24	县级农村危房改造补助资金	5611.65	县级资金
25	县级财政扶贫资金	85.24	县级资金
	合计	28533.32	

统筹整合涉农财政投入，为脱贫攻坚提供了必要且坚实的资金保障。但如何在操作层面更有效、高效地使用财政扶贫资金，成为扶贫实践的关键。为此，保亭县根据贫困村、贫困户的实际需求，以具体项目为抓手，有针对性、计划性、科学性地使用财政扶贫资金，并通过建立项目库制度，进行具体的组织和管理。为此，保亭县在2018

年 7 月出台了《保亭黎族苗族白治县项目库建设管理办法（暂行)》，以完成"两不愁三保障"为核心目标，把全县所有涉农财政扶贫资金的使用全部纳入项目库管理，实行动态调整和定期清理更新，确保项目管理的科学性和组织性，形成"计划一批、建成一批、淘汰一批、销号一批、充实一批"的良性循环机制，形成"项目等待资金、资金及时使用"的新格局。

表 5 2018—2020 年保亭县项目库资金分配表

序号	项目类别	项目（宗）		资金规模（万元）		备注
		数量	比例	金额	比例	
1	产业发展	257	12%	23419.62	31.7%	种植养殖、林果业、加工业、光伏、旅游等
2	基础设施	405	19%	33250.08	45.1%	道路、人饮灌溉、电力、宽带、人居环境、防灾避灾设施等
3	技术培训	147	7%	921.97	1.2%	实用技术培训、劳动力短期技能培训
4	教育补助	198	9%	4732.23	6.3%	贫困生学费、住宿费、生活费补贴补助等
5	医疗补助	426	20%	1808.4	2.4%	新农合、基本医疗保险、大病保险、健康商业保险、医疗兜底保障、补充医疗保险等
6	金融扶贫	626	30%	1374.53	1.9%	保险补助、小额信贷、财政贴息等
7	其他项目	60	3%	8456.07	11.4%	农村危房改造等
	合计	2119	100%	73962.9	100%	

图为保亭县脱贫攻坚项目库入库项目公告和项目公示牌。根据中央政策精神和海南省的统一部署，保亭县把建设好、使用好脱贫攻坚项目库制度作为扶贫核心工作来抓，通过项目库制度，把所有涉农资金统筹起来统一规划和使用，并进行集中管理。项目库制度的有效运行，既避免了此前多种资金来源的项目"打架"和无钱办事的结构性困境，也有效地提升了扶贫资金和扶贫项目的使用效率和效果，在操作层面上极大地推动了扶贫行动的有序进行。（毛绵遂／供图）

第二节　信贷与保险扶贫

开展扶贫工作需要资金支持，但并不能完全依靠公共财政投入。充分发挥信贷、保险等金融系统的融资和筹资等金融服务，是确保扶贫资金有效供给的重要渠道。保亭县早在 2013 年就发布了《农民小额贴息贷款管理实施细则》，通过财政贴息的方式，撬动金融服务，支持扶贫产业发展，并逐渐形成了一整套金融扶贫的机制和规范。例如，保亭县《小微企业"助保贷"业务管理办法（暂行）》《集中推进金融扶贫"百日行动"的实施方案》《"三农"保险精准扶贫工作实施方案》《关于建立扶贫小额信贷信息公告公示制度的通知》《关于建立扶贫小额信贷贷款资金用途跟踪调查制度的通知》《2018 年橡胶"保险＋期货"实施方案》《2018 年进一步推动金融精准扶贫工作实施方案》等，在操作层面形成了以信贷和保险为核心的金融扶贫格局。

在信贷融资服务方面，针对最需要资金支持的小规模家庭生产，提供财政贴息、免担保、免抵押和利率优惠等条件的单笔在 5 万元以内的小额贷款支持，并且通过更优惠的政策优先为农村妇女提供小额贷款，鼓励农村妇女积极投入生产、摆脱贫困。经过保亭县金融系统和广大扶贫干部的不断努力，全县所有贫困户中，申请扶贫小额信贷的比例超过 40％。从 2017 年 1 月到 2019 年 8 月的统计数据来看，全县所有金融机构共发放扶贫小额贷款总金额 5077.6 万元，总计 2802 笔，其中 1218 笔贷款已经按期还款，还有 1583 笔贷款正在执行，而因特殊原因逾期未还款的只有 1 笔，且在随后完成还款。

以小额贷款为代表的信贷融资服务，成为产业扶贫过程中农民发展生产的重要融资手段，一方面缓解了农民的资金困难，另一方面也尽可能消除了民间高利贷等非法借债对农村金融秩序造成的负面影响。

表6　2017—2019年保亭县扶贫小额贷款数量分布汇总表（笔数）

	2017年	2018年	2019年	总计
全县总计	1396	951	455	2802
保城镇	148	107	38	293
加茂镇	145	108	69	322
六弓乡	108	73	46	227
毛感乡	74	54	17	145
南林乡	76	52	36	164
三道镇	168	90	41	299
什玲镇	211	172	40	423
响水镇	286	145	103	534
新政镇	180	150	65	395

保亭县地处台风高发区域，水稻等粮食作物、热带果蔬等经济作物、小规模禽畜养殖等，受自然灾害影响概率高，需要农业保险提供兜底保障。保亭县根据县域实际情况，发布《"三农"保险精准扶贫工作实施方案》，实行政府向商业保险公司购买，保险公司提供承保和理赔服务的方式，为贫困户提供保险服务。例如，水稻种植保险、羊鸡养殖保险、能繁母猪保险、育肥猪保险、香蕉保险、大棚瓜菜保险、芒果保险、鸽子养殖保险、蔬菜价格指数保险、橡胶树风灾保险等，农民只需要缴纳5%的保费，其余保费由中央、省、县三级财政负担。

同时，橡胶等战略性经济作物长期受国际市场价格影响，胶价处于低位运行状态，极大地影响农民收入，也需要农业保险等举措提高农民的种植和经营积极性。保亭县针对自身热带特色农业的特点，结合国家和海南省的相关政策，开展了红毛丹种植保险、天然橡胶保险等特别保险服务。

红毛丹是保亭县产业扶贫的标志性产品，品质好、价格高，但是易受灾。根据保亭县《2017年红毛丹种植保险试点工作实施方案》，保亭县为所有红毛丹种植户提供保险服务，农户只缴纳20%的保费，其余由省、县二级财政承担，每亩保险金额4000元，有效降低了种植户的潜在风险。

保亭县天然橡胶生产保护区范围为 29 万亩，涉及胶农 12636 户，其中建档立卡户 3791 户，占胶农总户数的 30%。2011 年之后，国际橡胶价格持续低位运行，无法维持胶农的生产成本，许多贫困户为此失去了最重要的收入来源，并出现不同程度的砍树现象。为了确保胶农不砍树，并获得稳定的橡胶收入，推动贫困胶农脱贫并防止返贫，保亭县同时开展了橡胶价格保险和橡胶期货保险，覆盖全县所有胶农，胶农相当于同时获得两份价格保险。一个劳动力一个月割胶收入理论上能达到 6000 元，这极大地激发了胶农的割胶积极性，保证了胶农的收入，有效地防止胶农贫困户返贫。

表7　2019 年保亭县两种天然橡胶保险基本情况

	橡胶价格保险	橡胶"保险+期货"
承保单位	人民保险	太平洋财险
保险标的	6 年以上开割橡胶树天然橡胶干胶	6 年以上开割橡胶树天然橡胶干胶
保险对象	全县所有胶农	全县所有胶农
保险期限	全年（一般 10 个月）	合约期内（8 月 1 日到 11 月 30 日）
保险责任	橡胶市场平均价格低于保险价格，则按约定赔付	橡胶期货价格低于目标价格，则按约定赔付
保费结构	贫困户：财政全额投保（省财政 30%，县财政 70%） 非贫困户：财政承担 95%，农户自缴 5%	上海期货交易所等全额支付保费，政府财政和农户都无须缴费
保险价格	15 元/公斤	15 元/公斤
触发保险的价格	平均市场价格	期货价格
保险产量	单株产量 60 公斤/年	合约期内单株产量 5 公斤
赔偿方式	当日赔付	当日赔付

　　图为农民小额贷款贴息工作组进村入户调查。为了确保小额贷款等优惠政策真正有效落实，保亭县各金融机构派出专门工作人员，与乡镇和驻村扶贫干部一起，逐村逐户定期开展小额贷款信息核查、公示、确认等工作，确保真正有需要的人获得贷款，确保贷款真正用于产业发展。（保亭县扶贫办/供图）

图为保亭县水稻保险赔付公示表。保亭县处于台风高发区，通过种植业保险尽量降低农民的潜在风险和损失，至关重要。随着政府公共财政对农业补贴力度的持续加大，保亭县因地制宜，把水稻、热带水果、冬季瓜菜等主要种植品种都纳入保险范围，保费主要由财政代缴，确保了农户发展农业生产的积极性，为确保脱贫户持续增收发挥了重要作用。（毛绵途／供图）

保亭县2019年晚造水稻种植保险公示

各乡镇水稻种植农户：

为了深入贯彻落实党中央、国务院"强农惠农"政策，增强农业生产抗灾救灾能力，保亭县人民政府根据《2015年海南省农业保险试点方案》（琼府办〔2015〕144号）的有关规定，依据中国人保财险《水稻种植保险条款》以及保险费率，结合生产实际，已将全保亭农户种植的晚造水稻由保亭县各乡镇村委会作为投保组织者向中国人民财产保险股份有限公司保亭支公司（以下称"保险人"）统一投保了水稻种植保险。现就有关事项公告如下：

一、承保情况：晚造水稻保险每亩保险费26元，农户自缴保费（比例25%即每亩6.5元）县政府已全额给予补贴。保险水稻发生保险责任造成损失，赔偿全不超过400元/亩。

二、保险责任：在保险期间内，由于暴雨、洪水（政府行蓄洪除外）、内涝、风灾、雹灾、冻灾、直接造成保险水稻的损失率达到20%（含）以上的，保险公司按照保险合同的约定负责赔偿。

三、出险报案及理赔处理：保险水稻发生保险责任事故造成损失时，农户应及时向保险人报案处理，并积极协助当地农业主管部门、保险人共同进行现场查勘，评估定损，保险人按保险合同约定进行损失计算并支付赔款给农户。

保险人24小时服务（咨询、报案）热线：95518。

特此公告。

中国人民财产保险股份有限公司
保亭支公司
二〇一九年八月十九日

PICC 中国人民财产保险股份有限公司
PICC PROPERTY AND CASUALTY COMPANY LIMITED

种植业保险分户标的投保清单

本分户标的投保清单为＿＿＿＿号投保单的组成部分，投保人应如实、详细填写，并保持字迹清晰，纸面整洁。　　　　　　（内部凭证，仅供承保理赔使用）

投保险种：天然橡胶价格收入保险　　　　标的名称：橡胶
标的种植地点：保亭县响水镇合口村委会　单位保险金额：900　　保险费率：12%　　单位保险费：108

序号	被保险人姓名	身份证号/组织机构代码	联系方式	保险数量（亩/株）	总保险金额（元）	农户自交保险费（元）	农户银行卡号或银行帐号	农户开户行	备注	农户签字
1	陈继锋	46003519800609191911	13907633647	8.5	918	45.9	3606515500000210	信用社	合口二	
2	陈宁	46003519741123191X	13807542565	10	1080	54	3606514800000393	信用社	合口二	
3	陈永明	46003519580720191610	18808975250	10	1080	54	3572012600000178	信用社	合口二	
4	陈昌忠	46003519540415191612	13976334507	7	756	37.8	3114431400000165	信用社	什栋	
5	陈运炳	46003519630715197411	18217969389	8	864	43.2	6210266455016059894	信用社	什栋	
6	陈运彤	46003519690826191711	13876400041	7	756	37.8	6214586485501867960	信用社	什栋	
7	陈德珍	46003519430317193611	18789591950	12	1296	64.8	3458829900000193	信用社	什栋	
8	陈庄	46003519790426191411	15091977616	4.5	486	24.3	3606625000000225	信用社	什栋	
9	陈秀发	46003519511115192611	18289823424	10	1080	54	6210366455008906292	信用社	什栋	
10	陈康文	46003519861128191611	13876520920	10	1080	54	6214586485506152863	信用社	什栋	
11	黄景抢	46003519820607192311	18876680920	3	324	16.2	3435560600001773	信用社	什栋	
12	陈文平	46003519421210191411	15091914506	10	1080	54	3118276400000114	信用社	什栋	
13	陈德伟	46003519760510191011	18389619742	5	540	27	6215366455022361192	信用社	什栋	
14	黄玉棉	46003519490620192X		5.6	604.8	30.24	3446605500000222	信用社	什栋	
15	陈昌新	46003519570513191511	13876522176	10	1080	54	3108045500000290	信用社	什栋	
16	李泞兴	46003519710513191011	18889667995	5	540	27	3280941600000419	信用社	什栋	
17	陈祥清	46003519821210193011	13876904800	8	864	43.2	6217964000012012599	邮政	什栋	
19	陈其清	46003519690530191X	13876407841	10	1080	54	3281778900000236	信用社	什栋	
20	陈乐	46003519671110191962	13876524299	9	972	48.6	3328359900000129	信用社	什栋	
21	陈仕剑	46003519860710193511	13518864020	30	3240	162	6214586480815468498	信用社	什栋	
22	陈仕默	46003519890910191411	13976172162	30	3240	162	6214586485509112906	信用社	什栋	

第＿页，共＿页

图为保亭县 2018 年橡胶"保险＋期货"实施方案的通知文件和太平洋保险天然橡胶目标价格保险海报。保亭县有大量橡胶林，橡胶是国家战略物资，农户有保有橡胶林的责任，但国际橡胶价格持续下降使得农户原本丰厚的割胶收入持续下降甚至亏损，在一段时间内使得保亭县贫困人口数量剧增。橡胶"保险＋期货"政策的出台和实施，把对于橡胶种植户的政策性补贴通过这种方式用出去，既确保了全县橡胶林的持续健康发展，也提高了农民割胶的积极性，提高了农民收入。（保亭县扶贫办／供图）

第7章

保亭县的脱贫成效

经过持续投入和不懈努力，保亭县地区经济实现稳步增长，农民收入显著提高。2020年，保亭县地区生产总值完成 55.6 亿元；地方一般公共预算收入 4.01 亿元；固定资产投资 33.7 亿元；社会消费品零售总额 17 亿元；城镇和农村常住居民人均可支配收入分别增长 5% 和 8.3%。但由于基础差、底子薄，部分关键社会经济指标依然低于海南省和全国平均水平。可喜的是，在保亭县只能着重发展第一产业和第三产业，且受到诸多客观因素制约的情况下，保亭县的居民人均可支配收入增长速度总体上保持了较高的增速，高于海南省和全国平均水平。

第一节　脱贫摘帽的贫困县

2018 年底，保亭县 6587 户 25951 人达到"两不愁三保障"的脱贫标准，全县未脱贫人口 81 户 257 人，主要以鳏寡孤独老年人等特殊群体为主，全县农村贫困发生率由 2014 年开始建档立卡时的 28% 下降为 0.27%，群众认可度达到 96.37%，全县 44 个贫困村全部达到脱贫出列标准，各项指标均达到国家规定的贫困县退出验收评估的要求。

2019 年初，保亭县实现贫困县脱贫摘帽，进入防止贫困户返贫，深入推进产业扶贫，完善基础设施建设和公共服务的可持续管理与制度建设，扎实巩固脱贫攻坚成果，扎实推进脱贫攻坚与乡村振兴战略衔接的新阶段。

2020年，保亭县贫困人口6631户26428人稳定脱贫，贫困人口实现动态清零，贫困发生率降为零。

经过多年努力，尤其是脱贫攻坚战的艰苦奋斗，极大地改善了保亭县基础设施建设和公共服务供给不足的局面。例如在交通领域，对外，连接海口和三亚等周边区域的高速公路已经完工，使保亭县纳入海南省高速公路网络，极大地改善了保亭县人流、物流、信息流的基础环境；对内，实现了三个百分之百（自然村百分之百通硬化路、行政村百分之百通班车、农村公路危桥百分之百解决安全防护问题），并且建立了专门的队伍和管理制度，实现全县农村公路养护管理的常规化和规范化。

确保可持续脱贫的关键是产业发展，保亭县基于自然资源禀赋和贫困户生计特征，围绕产业发展采取了许多创新型举措，包括引进龙头企业、组建和培育农民专业合作社、鼓励和支持家庭农场和专业种植或养殖大户等；出台产业发展补助、金融支持、税收支持、科技和技术支持等多种政策措施，引导和鼓励产业发展和创新；结合现代电子商务、消费扶贫、社会扶贫等多种措施，协助贫困户和扶贫产业从业者打开市场，推动产业发展的可持续性；创新产业发展及产业组合方式，实现产业结构升级和经营模式升级，大力发展热带特色农业和高效农业，促进热带旅游产业发展，推动农业和旅游产业等交叉、结合式发展。

图为保亭县新政镇报什村委会什堆村开展脱贫攻坚和村庄环境整治前后对比。(保亭县扶贫办/供图)

第二节　脱胎换骨的贫困村

保亭县各贫困村基本都位于山区，山林资源丰富但耕地资源不足，水电路气网等基础设施和公共服务不足，这是所有贫困村曾经的共性。为此，保亭县把改善村庄人居环境、完善基础设施和公共服务供给作为脱贫攻坚战的重要内容。经过持续投入和多方努力，成效明显，到 2020 年时：

所有村庄和农户实现全部接入安全饮用自来水；

所有贫困户危房改造工作全部完成，实现了居者有其屋，全面消除传统茅草房和泥土房；

所有村庄实现了基本农田水利供给服务；

所有村庄完成农村电网升级改造，实现民用电和动力电全天候稳定供应；

所有村庄实现 4G 网络和光纤网宽带接入，所有农户具备连接互联网的能力；

所有行政村完成村便民服务中心标准化建设、村卫生室标准化建设、农村文化室标准化建设；

所有村庄都完成灯光篮球场、体育健身场地与健身器材购置和建设；

所有村庄都开展了村庄人居环境整治和美丽乡村建设，村庄内建设污水收集和处理系统，使厕所粪污有效处理率或资源化利用率达到 97%；

所有村庄都建立了包括环境管理员、护林员、管水员等公益性岗位为核心的村庄公共管理和服务体系；

所有农户都纳入新型农村合作医疗等医保体系，农村贫困人口医疗保险参保率 100%，商业健康保险参保率 100%，大病专项救治实现应救尽救；

所有贫困户实现与家庭医生签约，农村贫困人口住院医疗费用实际报销比例全部达到 90% 以上，25 种慢性病门诊医疗费用报销比例达到 80% 以上，农村特困人员医疗费用 100% 报销；

所有农村义务教育阶段儿童实现全部入学，所有贫困家庭学生获得教育扶贫补助，补助范围包括学前教育、义务教育、高中及中职教育、大专及大学教育等各个阶段，有效降低农村贫困儿童和贫困学生的辍学率，基本消除因教致贫现象；

通过就业援助、技术培训、劳动力转移、务工补贴、公益性岗位、产业扶贫等方式，除了无劳动力家庭外，基本消除农村贫困户零就业家庭。

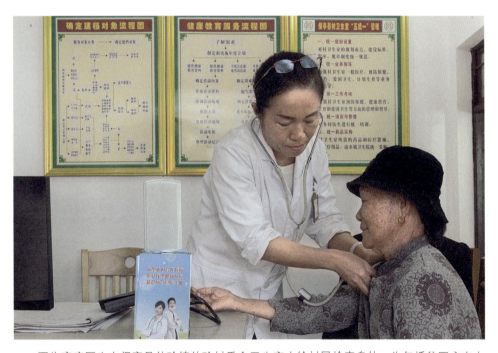

图为家庭医生在保亭县什玲镇什玲村委会卫生室内给村民检查身体。为包括贫困户在内的所有农村居民提供可负担且高质量的医疗服务，是保亭县医疗扶贫的基本目标，而在贫困村设立社区卫生室，并配备专门的医务人员，使村民实现不出村就可获得基本医疗服务，这已经成为保亭县所有贫困村的常态。（王智 / 供图）

　　图为保亭县什玲镇孟各二村和什忽村美丽乡村建设现场。保亭县把脱贫攻坚战与乡村振兴战略有效衔接，在帮助贫困户脱贫的基础上，根据本地黎苗风情，多方引入和整合资源，推动贫困村通过改建、重建和修缮等方式建设美丽乡村，并推动贫困户致富。（王智／供图）

　　图为保亭县三道镇什进村通过乡村旅游推进美丽乡村建设。把脱贫攻坚与乡村振兴战略相衔接，关键是要实现资源的有效引入与整合，并寻找到实现多方共赢和增值的渠道。保亭县整合市场资源，结合本地黎苗风俗，打造特色乡村生态和民俗旅游村，为美丽乡村建设提供了新思路和新样板。（保亭县扶贫办／供图）

　　图为保亭县响水镇合口村农户家的自来水。保亭县把农村自来水建设作为脱贫攻坚行动的重要举措，各贫困村根据地质地貌和地理区位，采取就近接入城镇自来水、就近建设小规模供水系统等方式，实现了全县所有农村的自来水供应。与此同时，村民原先的自备水井依然保留，作为洗衣服、擦地等生活清洁用水，以及饮用水的备用水源。（毛绵逵／供图）

　　图为保亭县新政镇报什村委会什堆村扶贫前贫困户居住的茅草房。开展脱贫攻坚之前，贫困农户的住房以简易砖瓦房、铁皮房和茅草房为主，居住安全性和舒适性差。（保亭县扶贫办 / 供图）

　　图为保亭县响水镇合口村贫困户危旧房改造之后的新居。2014—2020 年保亭县累计投入资金 5 亿余元，完成约 8000 户危旧房改造，贫困户住房条件得到极大改善。符合当地气候特征和居住习俗的钢筋水泥房，确保了良好的居住安全性和舒适性。（毛绵逵、周刚 / 供图）

图为保亭县响水镇合口村新修建的篮球场。保亭县黎族、苗族群众具有热情奔放的性格特征，除了传统民间娱乐方式外，各种现代体育运动也非常受欢迎，农民朋友的参与热情非常高，既有利于广大农民朋友锻炼身体，更有助于形成良好的社会风气。为此，保亭县把村庄休闲体育设施建设作为脱贫攻坚的重要举措之一，如为每个贫困村建设一个灯光篮球场。(毛绵逵、周刚 / 供图)

图为保亭县响水镇合口村村民家自用的冲水式卫生间和淋浴间。在农村普及自来水供应之前，贫困村厕所普遍为旱厕，卫生条件差。保亭县把贫困村改水和改厕结合起来，普遍建设室内或室外的冲水式厕所或卫生间，极大地改善了贫困户的人居环境。与此同时，全县所有贫困村都完成了干净卫生的村庄公共厕所建设，并配备了专门的管理人员。（毛绵逮／供图）

图为保亭县响水镇合口村的生活垃圾集中转运站点。到 2020 年，保亭县所有贫困村都建设了完善的生活垃圾收集清运系统，配备了专门的日常管理人员，建立了专门的管理制度，有效解决了村庄环境脏乱差的问题。（毛绵逮／供图）

　　图为保亭县六弓乡大妹村委会土眉二村组织村民进行村庄环境整治。村庄人居环境的改善不是一朝一夕可以实现的，也不是一个人或几个人的事，而是需要所有村民人人参与、共同维护。保亭县以组织和动员村民定期开展村庄环境整治和清理为抓手，增加村民对集体事务和公共服务的参与意识，增强村民的主动性和主人翁精神，成为增强农村基层治理的重要抓手。（保亭县扶贫办／供图）

　　图为电力部门进行农村电网建设和维护。由于地理位置的原因，台风频发，极易导致停电。为此，保亭县把为贫困村提供稳定且高质量的民用电和动力电服务作为基础设施扶贫的重要内容，确保贫困户生活用电和扶贫产业生产用电的稳定供给。（保亭县扶贫办／供图）

图为保亭县响水镇合口村贫困户原始住房。为了全面保障贫困户住房安全，保亭县全面落实农村危旧房改造政策，通过财政补贴，在全县范围内全面消除茅草房、土木房等危旧房屋，帮助所有贫困户入住安全舒适的钢筋混凝土房屋。（毛绵逵 / 供图）

图为保亭县响水镇合口村村干部组织村民开展村庄环境整治。组织和动员村民积极参加村庄环境整治和其他村庄公共治理活动，离不开村干部的强力领导和组织。驻村第一书记作为农村基层治理的重要组织者，在农村社区动员中起着不可或缺的作用（周刚 / 供图）

　　图为保亭县响水镇合口村村民休闲健身广场一角。为贫困村配备休闲体育设施，不仅是完善公共服务的基本内容，也是"志智双扶"的重要举措之一。保亭县筹措专门资金，为所有贫困村的所有自然村和居民点设置了大批休闲体育和健身设施，不仅成为村民健身娱乐的好去处，更成为村民之间重要的社交娱乐、信息交流和社区管理的公共空间。（毛绵逵／供图）

　　图为保亭县新政镇报什村委会什堆村村民组织的传统民俗活动。保亭县农村劳动力外出务工比例较低，传统民族文化和民俗活动依然具有浓厚的社会基础，并且随着人们生活条件的改善而更加普及。在新建成的灯光篮球场，组织村民开展各种传统民俗活动，不仅丰富了农村休闲娱乐和文化生活，并且成为"志智双扶"的重要手段。（保亭县扶贫办／供图）

第三节　脱贫致富的贫困户

贫困户是脱贫攻坚战的首要受益者，贫困户同时也是打赢脱贫攻坚战的最重要参与者。没有广大贫困户的主动参与和自我努力，就不可能打赢这场攻坚战。为此，保亭县不仅花大精力统筹、协调与整合外部人力、物力、财力进行各种形式的扶贫，更把培育贫困户的内生发展动力作为全县扶贫工作的首要内容。经过艰苦但卓有成效的工作，每个贫困村都涌现出了大量实现脱贫并进一步实现致富的典型，为其他贫困户树立了信心，对全县所有贫困村全部实现高质量脱贫起到了重要的榜样作用。身残志坚的黄少燕、脱贫致富电视夜校优秀学员王进程等就是他们中的代表人物。

◆◆案　例·身残志坚的黄少燕 ···

黄少燕是保亭县三道镇三弓村委会什改村人。每天早上，当其他村民还在梦乡的时候，她和丈夫符忠秋就早早起来开始了一天的忙碌。丈夫负责劈柴烧火，她负责将已经发酵好的酒糟放入蒸锅。随着酒糟渐沸、蒸汽出锅，醇醇的酒香味慢慢弥漫了整个村庄。黄少燕酿酒技术精湛，酿出来的米酒远近闻名，甚至还有县城的居民专门寻上门来买酒。

这个过程说起来似乎很容易，但对黄少燕来说并不容易。丈夫是个孤儿，耳朵听力有问题，她本人则是在年少时右腿高位截肢。因为身体残疾、行动不便，她一天只能酿60斤酒。三弓村支部书记黄大泽说到黄少燕一家时也赞不绝口："黄少燕一家很难得，生活确实比普通家庭困难很多，因为夫妇俩身体残疾，劳动力十分有限，妻子酿酒开小卖部，丈夫租地种了三亩瓜菜，收入有限，但是他们很勤劳。"

2014年，黄少燕一家被纳入了精准扶贫对象；2015年，他们享受了政府的危房改造政策，拥有了一间40平方米的新房子，再也不用担心刮大风下大雨；2016年，政府给予其2000棵益智苗、50只鸡苗、4包肥料，帮助他们一家发展农业产业；黄少燕还积极参加政府组织的技术培训、扶贫夜校、座谈会等活动。

由于丈夫耳朵听力差，黄少燕每周都要自己骑着残疾车，赶到七八公里外的镇上拉酿酒的大米、购置小卖部的货物。2016年，她的残疾车坏了，反复维修后仍经常半路"掉链子"，给她的生活和生产带来了严重的困扰。可她当时欠了亲戚1万多元，没钱换新车。她的困扰很快被帮扶责任人三道司法所董永恒知道了，他将黄少燕的情况汇报给三道镇残联，镇残联上报县残联，问题很快就得到了解决。同时，夫妻两人还获得了政府发放的残疾人生活补贴、产业发展扶持和奖励。

由于黄少燕的坚强不屈，经过辛苦的劳动，终于在2017年实现了脱贫，并且在其后几年巩固了脱贫成果，生活条件逐步得到极大改善。黄少燕身残志坚的精神，也为周边贫困户努力发展提供了重要的精神动力。

◆◆案 例·脱贫致富电视夜校优秀学员王进程

2016年以前，王进程每天无所事事，家里虽然有一些土地，但他要么认为"地也不大，而且很分散，即使种些水稻瓜菜也不值几个钱"，要么认为"饭都快吃不起了，哪里有钱买种子、买肥料"，农田因为无人打理长满了杂草，他却像个局外人无动于衷。

王进程的帮扶责任人、保亭行政学校副校长王周万分析认为，王进程身体无病，尚且年轻，只是因为欠缺主观能动性，不想干、不敢干，所以只要能够改变他的思想观念，王进程肯定能摘掉贫困户的帽子。有了这样的判断，王周万就经常带着王进程参加各种各样的培训，让他能够在行业专家、先进典型中学习到有用的知识。起初，王进程对于这样的方式并不能完全接受，专家讲的听不懂，典型的故事太遥远，但在王周万的陪伴指导下，这个大山深处的农民渐渐打开了那闭塞多年的心扉。

除了培训以外，王进程几乎一期不落地观看了海南省脱贫致富电视夜校节目。每周一的傍晚，王进程总是会骑着摩托车带上妻子来到毛介村委会，同其他贫困户和帮扶责任人一起学习。节目播出后，王进程还经常与他人分享观后感，在讨论中让学习到的知识与技术更加牢固。"夜校的节目中有很多贫困户的故事，他们有的比我条件还要差，但通过自己的努力他们都生活得越来越好。"观看了一个又一个贫困户的奋斗故事，王进程深刻意识到，只要自己肯干，一定会改变现状，从而过上梦寐以求的好日子。

王进程有了内生动力，王周万就适时推出了为他量身定制的帮扶方案——改建危房、种槟榔、养猪、加入石龟养殖合作社。曾经无所事事的王进程变成了大忙人，他不仅把荒废的土地重新利用起来，而且也悉心照料起房前屋后的槟榔树。2017年，依靠卖猪、卖槟榔等，王进程就收入了4万多元，他于当年年底主动提出脱贫。脱贫后的王进程更加忙了，不仅是自己的产业需要打理，他和妻子也加入帮扶队伍，用自家的例子向邻居介绍经验，发动大家一起种植槟榔、养殖五脚猪等。"我就是一个活生生的例子，只要努力，只要肯干，就一定会过上好日子。"王进程笑着说道。

　　图为保亭县新政镇报什村委会什华村邓文英家扶贫前后对比。邓文英家曾经是保亭县农村地区典型的贫困户，家庭收入来源少，居住环境差。在脱贫攻坚各项政策和扶贫项目的支持下，邓文英家充分发挥自主积极性，种植冬季瓜菜，发展家庭养殖，迅速提高了家庭收入，并且在危旧房改造政策支持下改建了新房，与保亭县绝大多数贫困户一道成为成功脱贫的典型代表。（保亭县扶贫办／供图）

　　图为保亭县什玲镇什玲村的稻谷收割。保亭县地处山区，水稻种植面积总体上规模小，且相对分散，小农生产效率低。为此，保亭县在推动热带特色农业产业扶贫的同时，积极推动基本农田的流转和规模化经营，通过农机补贴等各种惠农政策支持和培育种粮大户提升传统农业生产方式的现代化升级。贫困户把耕地流转后，除了获得流转资金，还可充分利用自身劳动力寻找其他打工机会，提高收入。（王智／供图）

　　图为保亭县三道镇三弓村贫困户在兰花产业扶贫基地打工。保亭县把贫困户获得可持续性的稳定收入来源作为打赢脱贫攻坚战的关键。在实践中，始终把确保贫困户的有效参与和有效获益作为产业扶贫的基本要求。全县所有产业扶贫项目中，贫困户除了获得分红收益外，还通过参与劳动等方式获得劳务收入。家门口的就业机会，为许多无法外出务工就业的女性劳动力提供了重要的收入渠道，获得了全县贫困户的欢迎。（卞维维／供图）

图为贫困户与共村巾帼养殖农民专业合作社签订养羊协议。养羊是保亭县农民的传统养殖项目，具有广泛的群众基础。但农民的传统养殖方式具有规模小、技术含量低、效率低、占用劳动力多等弊端。保亭县总结本地和外地的各方面经验教训，倡导用专业的人做专业的事，积极支持贫困村和致富带头人组建农民养殖合作社，提高养殖规模，并提供养殖过程中的技术要求和严格管理，进行科学养殖。贫困户作为入股股东，既能分红获益，也能通过在合作社打工挣钱，受到全县贫困户的广泛欢迎，在实践中取得了良好的效果。
(保亭县扶贫办 / 供图)

经过多年的不懈努力和艰苦工作，保亭县广大贫困户改变了传统思想，认识到自身主动参与和积极作为的价值。同时，多种形式的产业扶贫，不仅为贫困户提供了较为稳定的经济收入，更为贫困户提供了一个新的平台，使他们在实现产业升级的同时，进一步获得了思想和主观能动性的升级。这为可持续脱贫，并进一步实现致富，提供了重要的物质基础和思想准备。

2021 年，保亭县农村居民人均可支配收入达到 15689 元，农村常住居民人均可支配收入增速连续 5 年居海南省前列。

保亭县，正在乡村振兴的道路上阔步前行。

后　记

　　脱贫攻坚是实现我们党第一个百年奋斗目标的标志性指标，是全面建成小康社会必须完成的硬任务。党的十八大以来，以习近平同志为核心的党中央把脱贫攻坚纳入"五位一体"总体布局和"四个全面"战略布局，摆到治国理政的突出位置，采取一系列具有原创性、独特性的重大举措，组织实施了人类历史上规模空前、力度最大、惠及人口最多的脱贫攻坚战。经过8年持续奋斗，现行标准下9899万农村贫困人口全部脱贫，832个贫困县全部摘帽，12.8万个贫困村全部出列，区域性整体贫困得到解决，完成了消除绝对贫困的艰巨任务，脱贫攻坚目标任务如期完成，困扰中华民族几千年的绝对贫困问题得到历史性解决，取得了令全世界刮目相看的重大胜利。

　　根据国务院扶贫办的安排，全国扶贫宣传教育中心从中西部22个省（区、市）和新疆生产建设兵团中选择河北省魏县、山西省岢岚县、内蒙古自治区科尔沁左翼后旗、吉林省镇赉县、黑龙江省望奎县、安徽省泗县、江西省石城县、河南省光山县、湖北省丹江口市、湖南省宜章县、广西壮族自治区百色市田阳区、海南省保亭县、重庆市石柱县、四川省仪陇县、四川省丹巴县、贵州省赤水市、贵州省黔西县、云南省西盟佤族自治县、云南省双江拉祜族佤族布朗族傣族自治县、西藏自治区朗县、陕西省镇安县、甘肃省成县、甘肃省平凉市崆峒区、青海省西宁市湟中区、青海省互助土族自治县、宁夏回族自治区隆德县、新疆维吾尔自治区尼勒克县、新疆维吾尔自治区泽普县、新疆生产建设兵团图木舒克市等 29 个县（市、区、旗），组织 29 个县（市、区、旗）和中国农业大学、华中科技大学、华中师范大学等高校共同编写脱贫攻坚故事，旨在记录习近平总书记关于扶贫工作的重要论述在贫困县的生动实践，29 个县（市、区、旗）是全国 832 个贫困县的缩影，一个个动人的故事和一张张生动的照片，印证着人民对美好生活的向往不断变为现实。

脱贫摘帽不是终点，而是新生活、新奋斗的起点。脱贫攻坚目标任务完成后，"三农"工作重心实现向全面推进乡村振兴的历史性转移。我们要高举习近平新时代中国特色社会主义思想伟大旗帜，紧密团结在以习近平同志为核心的党中央周围，开拓创新，奋发进取，真抓实干，巩固拓展脱贫攻坚成果，全面推进乡村振兴，以优异成绩迎接党的二十大胜利召开。

由于时间仓促，加之编写水平有限，本书难免有不少疏漏之处，敬请广大读者批评指正！

本书编写组

责任编辑：池　溢

封面设计：林芝玉

版式设计：王欢欢

责任校对：张　彦　卢　珊

图书在版编目（CIP）数据

中国脱贫攻坚．保亭故事 / 全国扶贫宣传教育中心 组织编写 ．— 北京：

　人民出版社，2022.10

（中国脱贫攻坚县域故事丛书）

ISBN 978－7－01－025223－0

Ⅰ.①中…　Ⅱ.①全…　Ⅲ.①扶贫－工作经验－案例－保亭黎族苗族自治县

　Ⅳ.① F126

中国版本图书馆 CIP 数据核字（2022）第 197698 号

中国脱贫攻坚：保亭故事

ZHONGGUO TUOPIN GONGJIAN BAOTING GUSHI

全国扶贫宣传教育中心　　组织编写

人民出版社 出版发行

（100706　北京市东城区隆福寺街 99 号）

北京盛通印刷股份有限公司印刷　新华书店经销

2022 年 10 月第 1 版　2022 年 10 月北京第 1 次印刷

开本：787 毫米 × 1092 毫米 1/16　印张：9.25

字数：124 千字

ISBN 978－7－01－025223－0　定价：36.00 元

邮购地址 100706　北京市东城区隆福寺街 99 号

人民东方图书销售中心　电话（010）65250042　65289539